Mysteerikoulu

© Anja Kulovesi

Taitto: Suunnittelutoimisto Tammikuu Oy

Kustantaja: Sun Innovations Oy

Valmistaja: BoD – Books on Demand, Norderstedt, Saksa

ISBN 978-952-68517-5-4

ISBN 978-952-68517-6-1 (epub)

Anja Kulovesi

Mysteerikoulu

Inspiraatiokirja ikääntyville

Sisällysluettelo

Johdanto 7

Osa 1 Kaikki riippuu asenteesta 9

Vanhuuskuvat 13

Auringonlaskun ratsastajia ja elämän löytöretkeilijöitä 22

Lapsellista iloa uusista aamuista 27

Hulvattomia rajojen rikkojia 29

Vanhuus muilla mailla vierahilla 36

Musiikkiperheen kiireetön arki 40

Haamueläkeläisiä 43

Hyvillä mielin eläkkeelle 47

Reppumatka oman elämän sisällöntuottajaksi 55

Eläkkeelle jäämisen tienhaarassa 66

Sisäisen ergonomian lähettiläs 69

Työtä ikäystävällisen yhteiskunnan puolesta 71

Palvelukseen halutaan ikäihmisiä 73

Osa 2 Tulevaisuusunelmia 77

Elämän suurin projekti 79

Eläkeläisten ääni mukaan kuntakehittämiseen 82

Maahanmuuttajaystäviä ja uuden oppimista 86

Unelmana tulla tietäjävanhukseksi 90

Onnen hetkiä palvelutaloissa 94

Unelmakoteja vanhuuden varalle 108

Rakentamassa yhteyksiä ihmisten välille 115

Tulevaisuuden tekijät 118

Osa 3 Mysteerikoulu 123

Elämä on luottamusmatka 124

Sisäisen kompassin ohjauksessa 128

Arkkityypit oppaina vanhenemiseen 134

Jung auttoi löytämään kipinän 141

Suvusta voimaa suruun 145

Vihdoin aikaa tutustua itseen 149

Näe ja ole maailma 152

Metsän mystisiä voimia ja vihreää hoivaa 157

Kypsän iän romantiikkaa 162

Kiinalaisia keinoja hyvinvointiin 171

Ikäihmisten uudet heimot 177

Nyt yliopistoon! 183

Tarinoita menneisyyden usvista 188

Vapautumisrituaaleja 195

Ihminen on tanssiva tarinakirja 202

Kaikki paitsi purjehdus on turhaa 206

Myytti viisaasta vanhuksesta 212

Elämän ja kuoleman salaisuus 217

Tavoitteena kesytetty kuolema 228

Kuoleman siunaus 230

Ikioman tarinan tunnistaminen 232

Inspiroivien vanhusten galleria 236

Osa 4 Loitsuja vanhuuden varalle **247**

Inspiraatiotulilla 248

Huna-filosofia − luovaa viisautta 260

Muita hyödyllisiä uskomuksia 267

Mysteerikoulun pieniä ja suuria tehtäviä 268

Loppusanat 271

Mysteerikoulun kirjasto 273

Vieraskirja 273

Johdanto

Tervetuloa Mysteerikouluun

Tämän kirjan idea syntyi yllättävästä havainnosta: minäkin ikäännyn. Niveleni kuluvat ja aloin tarvita uusia varaosia. Koska onnekseni olen sattunut syntymään Suomessa, monien tutkimusten mukaan onnellisten ihmisten maassa, sain kaksi uutta polvea, joiden ennustetaan nykyisin materiaalein kestävän seuraavat kolmekymmentä vuotta. Pysähdyin miettimään tulevaa elämääni näiden potentiaalien vuosikymmenten osalta. Olen opiskellut monenmoista, mutta kukaan ei ole opettanut minulle ikääntymisen aakkosia. Mihin kaikkeen pitää varautua? Millaisia reittejä voi kulkea kohti onnellista vanhuutta? Voinko vain heittäytyä nauttimaan elämästä, vai onko mahdollista olla hyödyllinen, vaikka työelämä sulkee ikäiseni pois markkinoilta?

Edessä taitaa olla uusi seikkailu, mysteeri. Ei voi tietää, mitä tulee tapahtumaan. Itselläni on päärooli, olen oman tarinani sankari, joka kulkee kohti elämän huipentumaa. Joudun kenties tulikokeisiin, joista en tiennyt etukäteen mitään. Sankarit saavat aina apua viisailta tietäjiltä. Heillä on salaisia loitsuja ja taikaesineitä. En ole valmistautunut tälle matkalle. Minun täytyy kysyä neuvoja muilta matkaajilta, viisasten neuvostoilta ja edellä kulkijoilta. Tehtäväni on löytää heidät ja esittää oikeita kysymyksiä saadakseni toimivat loitsut. En halua muuttua näkymättömäksi, enkä rasitteeksi yhteiskunnalle. Haluan merkityksellisen elämän. Haluan luopua sellaisista uskomuksista, jotka estävät ikäihmisiä toteuttamasta unelmiaan ja osallistumasta paremman huomisen tekemiseen. Haluan olla villi ja vapaa, elää näköistäni elämää loppuun asti.

Tervetuloa Mysteerikouluun kanssani! Tässä koulussa vaarallisen vapaat ikääntyvät kirjoittavat elämänsä käsikirjoituksen kiinnostavimpia lukuja. Olemme kaikki sekä opettajia että oppilaita. Jaan kirjassa löytämäni vihjeet ja kanssamatkaajien tarinat eväiksi meille kaikille. Kirja ei kuitenkaan ole täydellinen. Myös lukija joutuu vastailemaan kysymyksiin löytääkseen omat parhaat reittinsä. Olkoon matkasi inspiroiva ja lohdullinen ja kokemuksista rikas.

Helsinki joulukuussa 2022

Anja

Osa 1

Kaikki riippuu asenteesta

Se, mikä tekee elämästä elämisen arvoista, uhkaa tulla ohi-tetuksi numeroilla ohjautuvassa yhteiskunnassa. Elämän ainutlaatuisuus, mielekkyys, merkityksellisyys, luottamus, tyytyväisyys ja elämänilo ovat kaikkien ulottuvilla, mutta ne eivät lisäänny yhteiskunnassa, ellei niihin kiinnitetä erityistä huomiota.

Arto O. Salonen

Ihmetellessäni vanhenemisen mysteeriä, ymmärsin, että kulttuu-rin ja yhteiskunnan asenteet ja arvostukset vaikuttavat meihin kaikkiin. Myös oma asenteemme ikääntymiseen on oleellinen kokemustemme kannalta. Tunnemmeko etupäässä pelkoa ja ahdistusta ikääntymisestä vai olemmeko sopusoinnussa muu-tosten kanssa?

Kohtaamme monenlaisia asioita valmistautumatta, mutta näinhän on kaikissa elämän vaiheissa. Aiemmin elämää tarkasteltiin kaarena, mutta nyt puhutaan enemmän elämän kulusta, siitä, miten ihminen itse elämänsä kokee. Keskustelimme aiheesta professori Arto O. Salosen kanssa. Hän näki, että alamme tarkastella vanhuutta subjektiivisen hyvinvoinnin kannalta, sillä objektiivisen hyvinvointimme perusedellytykset on jo pitkälti toteutuneet. Hän uskoo, että eettinen herkkyytemme on kasvamaan päin jo senkin takia, että väestörakenteen muuttuessa ikääntyminen tulee väistämättä lähemmäs kaikkia. Suomi, Italia ja Japani ovat etujoukoissa vanhusten määrän lisääntyessä rajusti. Läpinäkyvyyden vaatimukset vanhusten kohtelussa kasvavat. Nyt meillä vielä ihannoidaan sellaisia asioita, joita ikäihminen ei edusta. Itsensä mitättömäksi ja riittämättömäksi kokeminen ei tuota vanhusten subjektiivista hyvinvointia. Se, ettei enää tunne olevansa porukoissa, on masentavaa.

Hyviä ideoita ja tarinoita tulisi nostaa enemmän esille. Nyt media meillä pyörii pitkälti kielteisyyden varassa. Tämä lisää pelkoa tulevaisuuden uhista ja vääristää mittasuhteita. Haluan uskoa, kun Arto sanoo vastakulttuurin syntyvän jossain vaiheessa ja muuttavan uutisointia. Ihmisillä tulee mitta täyteen sensaatiohakuisia otsikoita ja uutisointia.

Arto O. Salosella on kokemusta myös toisenlaisesta kulttuurista ja vanhuuden arvostuksesta vuosiltaan Afrikassa. Siellä ikääntyneet nähtiin voimavarana, koska heillä on sellaista viisautta, joka nuorilta vielä puuttuu. Yhteiskunnan kannalta tätä viisautta kuuluu vaalia ja vanhuksia kohdellaan sen mukaisesti. Vanhukset syövät ensin ja sen jälkeen muut, jos ruokaa on jäljellä. Meillä on niin nuori kulttuuri, että tällainen arvostus ja historian kokemukset vanhusten viisaudesta puuttuvat. OECD maiden vertailussa Suomi jää hännille, sillä meillä haaskataan ikäihmisten potentiaalia. Pitäisi tehdä enemmän kokeiluja ja mahdollistaa ikääntyville paljon erilaisia liittymiä kokonaisuuteen sen sijaan, että nyt meillä on vain kapea näkymä. Kytkeydymme kaikki toisiimme ja kytkösten kautta syntyy merkityksiä. Kytkökset voivat olla sellaisia vanhusten ja lastentarhalaisten kohtaamisia, joista meillä on jo hyviä käytännön esimerkkejä. Tai vanhusten viemistä luontoon, jossa voi kokea yhteyden elämän ihmeeseen. Tai vanhusten ja taiteilijoiden kohtaamisia.

Jäin miettimään kytköksiä tulevaisuuden ongelmien ratkaisemiseen ja siihen, miten tulevaisuuden näkymät koskevat myös meitä ikääntyneitä. Miten meidän visiomme näkyvät tulevaisuustyöpajoissa ja ajatushautomoissa? Eikö meidän pitäisi olla mukana tuomassa omaa näkökulmaamme ja laajentamassa ideoita? Olisiko mahdollista pyrkiä vimmalla vanhusradikaaliksi mukaan? Kertoa, että haluamme edelleen olla mukana niissä porukoissa, joissa tehdään parempaa huomista. Haluamme hoitaa oman osuutemme sukupolvien ketjussa ja koska olemme saaneet tähän enemmän aikaa kuin esi-isämme, meillä voi olla vielä paljonkin annettavaa talkoisiin. Jos työtä on kaikki se, mikä ratkaisee yhteiskunnan ongelmia, kulttuurimme muovaaminen tasavertaisemmaksi tuntuu aika mielekkäältä hommalta. Mennään mukaan!

Vanhuuskuvat

Vuodet tulevat ja menevät. Vuodenajat vaihtuvat. Elämme nuoruuden huumaavan kesän ja kypsien vuosien kuulaan syksyn.

Maria Alstedt

Jo tämän kirjan varhaisessa vaiheessa kävi selväksi, että ihminen on yksilö missä iässä tahansa. Ei ole olemassa yhdenlaista uskomusmaailmaa, ikääntymisen mallia tai edes yksimielisyyttä siitä, milloin ihminen on vanha. Joillekin sana vanhus on kaunis ja sitä käyttää mielellään. Toisille vanhussana on erittäin luotaan työntävä eikä siihen haluta samaistua mielellään. Siksipä päädyinkin paitsi kurkistamaan realiteetteihin, myös kysymään itse kultakin, ovatko he omasta mielestään vanhoja. Useimmat, iästä riippumatta, eivät kokeneet olevansa vanhoja. Jatkoin kysymällä, mistä he tietäisivät tulleensa vanhoiksi, jos näin sattuisi käymään.

Kyselin asiaa myös tutkijalta, teologian tohtori Jenni Spännäriltä, jonka kiinnostuksen aiheet ovat viisaus ja myötätunto.

13

Hän vastasi näin:

Meillä kaikilla on monta erilaista ikää. Kronologinen ikä, joka yleisesti määritellään syntymästä. Fyysinen, henkinen, hengellinen ja koettu ikä. Kulttuuriset kuvat. Kaikki nämä vaikuttavat meihin. Voimme pyrkiä joko niitä kohti tai poispäin niistä. Kuvat auttavat jäsentämään muutosta ja vastaamaan kysymyksiin siitä, miten pitäisi olla. Tunnistus voi auttaa luopumaan näennäisesti tärkeistä asioista tai kohtaamaan toisia ihmisiä. Vanhuuskuvista voi olla myös haittaa, jos alkaa elää niiden mukaisesti.

Sillä on merkitystä, miten puhut itsestäsi. Me annamme sanoille sisällön. Jos käyttämääsi sanaan liittyy paljon negatiivistä latausta, kannattaa vaihtaa se kannustavampaan tai neutraalimpaan. Wikipedian kuvaus vanhuudesta, ei tunnu kovin houkuttelevalta sekään, varsinkin kun kuolemasta puhuminen on meillä pitkälti tabu:

Vanhuus on keski-ikää seuraava viimeinen ikäkausi ennen kuolemaa. Se on ajanjakso, jolloin ruumiilliset ja henkiset voimat heikkenevät ja solut rappeutuvat vanhenemisen myötä.

Näin ilmaistuna vanhuus tuntuu liian tylyltä. Wikipediasta löytyy toki tarkempaakin kuvausta:

Primaari ja sekundaarinen vanheneminen

Primaari vanheneminen on biologisten perustekijöiden määrittämää luonnonvoimaista vanhenemista. Se aiheuttaa kaikissa ihmisissä solutasolla etenevää rakenteen ja toimintojen heikkenemistä. Tällaisia muutoksia ovat esimerkiksi maksimaalisen hapenottokyvyn, sydämen ja verenkierron toiminnan, lihasmassan ja lihasvoiman, muistin, reaktioajan, ihon ja keuhkojen elastisuuden sekä näön ja kuulon aleneminen. Sekundaarinen vanheneminen on erilaisten ulkoisten tekijöiden muuntamaa vanhenemista. Sekundaarista vanhenemista aiheuttavia tekijöitä ovat esimerkiksi sairaudet, elintavat ja elinolot, kuten tupakointi, fyysinen inaktiivisuus ja ultraviolettisäteily.

Elintapojen vaikutus

Elintavoilla voidaan hidastaa vanhenemista ja siihen liittyviä terveysongelmia. Yleisimmin esille nostetaan liikunnan, ravinnon ja nautintoaineiden (alkoholin ja tupakan) käyttö. Myös unen määrällä ja harrastuksilla voi olla yhteyksiä ikääntymiseen ja sen aiheuttamiin muutoksiin.

Kun luen Wikipedian listaa, mietin, mitkä ovat sellaisia asioita, jotka on paras oppia hyväksymään ja mitkä ovat niitä, joihin voi itse vaikuttaa asenteellaan ja valinnoillaan. Ehkä meidän kaikkien kannattaa käydä tällaista dialogia itsemme kanssa sen sijaan, että välttelisimme koko aihetta. Silloin on ainakin yritetty katsoa tulevia vaiheita silmästä silmään.

Ystäväni Reino Knaapila kuvailee vanha-sanan merkitystä itselleen tähän tapaan:

Sanaan vanha liittyy kovin paljon kielteisiä mielikuvia. Pilaantunut, elähtänyt, parasta ennen -aikamäärän ylittänyt jne. Siksi vältän sen käyttöä itsestäni tai muista. Lähestyn ikää, jolloin voin sanoa, että olen iäkäs tai pitkään elänyt tai paljon ehtinyt kokea. Vanhuus on aina suhteellinen käsite. Olen vanhempi kuin kaksi vuotta sitten, olen vanhempi kuin lapseni, olen saman ikäinen kuin samana vuonna syntyneet. RUK:n 50-vuotistapaamisessa kohtasin ikäisiäni, joista osa oli silmissäni vanhuksia ulkonäkönsä tai vaivalloisen liikkumisen perusteella. Kotona arvioin itseäni peilistä ja totesin, etten ollut "vielä" siinä kategoriassa, siis vanha.

Myös Eila Järveläinen, 86 v., haluaa muuttaa mielikuvia:

Haluaisin kumota sellaisia uskomuksia, että vanhat istuvat keinutuolissa, ovat passiivisia ja vanhuus vie muistin. Iän myötä on rauhallista ja vapaata, ei enää paineita. Saa tehdä, mitä haluaa, levätä, kun väsyttää. Ei tarvitse enää olla mieliksi, vaikka olisi kuinka kuutamolla.

Ja lisää tuntemuksia eri ihmisiltä:

Totuutta katsotaan samalla silmästä silmään: Jos syntymä-vuotta katsoo, niin olen [vanha], mutta tunnen itseni iättö-mäksi... peilikuvahan sen kertoo ja kyllä ne toiminnot hidastuu ja kroppa jäykistyy.

Tuo sana vanhus ei oikein sovi minun ajatusmaailmaani. Tunnen itseni jotenkin iättömäksi ja sellaisena haluaisinkin pysyä.

Ikä on vain numero. Toivon, että tuo uteliaisuus elämään ja sen eri ulottuvuuksiin säilyy.

Tottakai kropan muuttuminen; kömpelyys ja hitaus. Onneksi on toimintakykyä jäljellä ja siitä pyrin pitämään kiinni. On tullut myös rauhallisuutta, ei kaiken pidä tapahtua tässä ja nyt.

En enää ole niin vahva ja joustava kuin ennen, mutta unohdan sen välillä.

Joku voisi sanoa, että toinen jalka on haudassa ja toinen banaaninkuoren päällä.

Sisäisen ihmisen puolelta tunnen olevani yhä nuori mies. Fyysinen puoli tuntuu kyllä olevan yleensä eri mieltä.

Teologi, kirjailija Irja Kilpeläinen kuvailee vanhuuden etenemistä vaiheittain:

Keski-ikä, salaa hiipivä vanhuus, varhaisvanhuus, keskivanhuus, myöhäisvanhuus ja ylpöt.

Minusta tuntuu, että tuo salaa hiipivä vanhuus on päässyt yllättämään meidät kaikki ja nyt ihmettelemme, miten varhaisvanhuus muuttuu keskivanhuudeksi ja siitä edelleen myöhäisvanhuudeksi. Ylpöt edellyttää varmaan jo yli 90 vuoden ikää.

Kirjassaan Seniorirakkaus Kaarina Määttä toteaa:

Lapset ja nuoret uskovat vanhojen olevan toinen ihmislaji, koska he ovat nähneet tuntemansa vanhat ihmiset vain vanhoina. On myös paljon vanhoja ihmisiä, jotka pitävät muita vanhoja toisena lajina.

Ja toisessa yhteydessä näin:

Vanheneminen on perustaltaan sosiaalista. Yhteiskunta määrittää, minkä ikäistä tai ketä pidetään seniorina, ikääntyneenä tai vanhana. Toisaalta ihminen luo käsityksensä itsestään sen kuvan perusteella, joka muilla hänestä on. Ikääntyvä ihminen huomaa olevansa vanha muiden ihmisten sanojen, vihjailujen ja käyttäytymisen perusteella ilman, että itse olisi kokenut suuria muutoksia.

Myös sukupuoli vaikuttaa siihen, miten ympäristö suhtautuu ikääntyviin. Siinä, missä harmaantunutta miestä arvostetaan viisaana valtiomiehenä, ikääntyneen naisen voi olla vaikea toteuttaa itseään kyvykkyydestään ja toiveestaan huolimatta. Jos hyvin käy, opimme iän myötä vapautumaan ulkoapäin tulevien määrittelyjen tuskasta.

Näyttelijä Sari Havas, 59 v., totesi Ilta-Sanomissa näin:

Ikääntymisessä riemastuttavaa on se, että on kuitenkin enemmän kuin nuorena vapaa ulkoapäin tulevista määreistä, vaatimuksista ja kahleista. Häpeä, joka on opittu jossain vaiheessa, vähenee. Ranskassa olen huomannut julkisuudessa useammin ikääntyviä naisia erilaisissa tehtävissä, myös televisiossa. Toivon Suomeen samaa. Muutos lähtee itsestä, mutta myös kaikenkattava asennemuutos olisi saatava aikaiseksi. Toimittajien ja muiden julkisuuteen ihmisiä valikoivien tulisi nostaa esiin ikääntyviä ihmisiä.

Auringonlaskun ratsastajia
ja elämän löytöretkeilijöitä

On määriteltävä oman tulevaisuutensa strategia: lähteäkö mak-
simoimaan hyötyjä vai minimoimaan haittaa. Juuri tämän takia
yli nelikymppisten elämänpolitiikat eroavat toisistaan dramaat-
tisemmin kuin kaksikymppisten: joku hurjistuu elämään ennen-
näkemättömän ahnaasti kun taas hänen ikätoverinsa alkaa
elämään säästöliekillä saadakseen käytettävissä olevat voi-
mat riittämään mahdollisimman pitkälle. Ihannetapauksessa
kulttuuri sallii kummankin valinnan.

Maija-Riitta Ollila
kirjassa Senioriteetti voimavarana

Ikäihmiseksi muuttuminen on löytöretki tuntemattomaan.
Meitä ei ole valmennettu vanhuuteen. Elämän varrella olemme
nähneet erilaisia ikääntymisen malleja ja ne muovaavat

uskomusmaailmaamme. Oman ulkonäön ja kehon muutokset viestivät siitä, että nuoruuden kukoistus jää yhä kauemmas historiaan. Tapahtuu asioita, joista ei juuri puhuta. Eräs työkaverini huomasi eräänä aamuna peiliin katsoessaan, että bulldogit olivat valahtaneet. Aiemmin terhakat poskilihakset olivat väsähtäneinä antaneet periksi. Luonto muovaa meitä ikäihmisen näköiseksi, halusimmepa tai emme. Myös omissa voimavaroissa tapahtuu muutoksia. Kehon osat kuluvat ja aiemmin ketterä vartalo muuttuu vähemmän elastiseksi. Vauhti hidastuu ja palautumisajan tarve kasvaa. Kuntosalien pukuhuoneissa seniorit kuvailevat kilvan vaivojaan. Samalla vahvistuu uskomus, että vanhuus ja vaivat kuuluvat väistämättä yhteen. Niistä alkaa muodostua elämän sisältö.

Kulttuuriympäristöllä on luonnollisesti valtava vaikutus siihen, miten ikään suhtaudutaan. Nuorisokulttuurin synnyn myötä länsimaissa nuoruuden ihannointi nousi aivan uudenlaiseen kukoistukseen. Siinä korostuivat elämisen riemu, kapinallisuus ja oikeus kyseenalaistaa aiempien sukupolvien malleja. Ulkonäködotukset, pukeutuminen ja kauneusihanteet rakentuivat nuorekkuuden ympärille. Siinä, missä monissa kulttuureissa vanhuksia on kunnioitettu ja heiltä on odotettu viisautta, meillä ikääntymisessä tuntuu tänä päivänä korostuvan rapistuminen ja sairaudet. Kansantalouden näkökulmasta ennennäkemättömän suuri ikääntyvä väestö on huolestuttava kuluerä, joka on vaarassa romuttaa koko hyvinvointivaltion edellytykset. Koska eri ikäpolvet eivät enää asu yhdessä, vanhusten hoidosta on tullut haaste yhteiskunnalle. Siirrämme huonokuntoiset ihmiset laitoksiin tai jätämme heidät yksin koteihinsa selviämään puutteellisin resurssein. Käsittelemme heitä objekteina enemmän kuin yksilöinä. Kauhutarinat epäinhimillisestä kohtelusta eivät ole harvinaisia. Ikääntyminen on muuttunut yhä pelottavammaksi.

Mutta, hei, eivät kai nuorisokulttuurin keksijät tällaisesta tulevaisuudesta uneksineet? On tullut aika luoda uudenlaisia ikään liittyviä uskomuksia. Suurten ikäluokkien synnyttämä poikkeuksellinen pullistuma väestöpyramidissa vaikuttaa ilman muuta siihen, miten suhteemme vanhuuteen muuttuu. Vanhetessamme muutamme edelleen yhteiskuntaa. Vaikutamme jo sillä, että todennäköisesti äänestämme nuoria aktiivisemmin. Siksi visioillamme ja unelmillamme on merkitystä. Sillä on merkitystä, mikä meille on arvokasta ja miten käytämme voimavaramme. Pessimistit näkevät surureunaisia pilviä vanhoinakin ja optimisteilla on kyky löytää myönteisiä puolia asiassa kuin asiassa. Samalla kun eliniän ennusteet ovat kasvaneet reilusti, monet eivät enää suostu vanhenemaan edellisen sukupolven tahtiin, jolloin viisikymmenvuotiaalle annettiin kiikkustuoli tai kävelykeppi syntymäpäivälahjaksi. Sellainen olisi todella loukkaavaa meidän aikanamme.

Halventavalta tuntuu myös ikärasismi, jonka johdosta nykyisten viisikymppisten on vaikea saada työtä, vaikka osaaminen olisi huippuluokkaa eikä jaksamisessakaan olisi ongelmia. Tässä on jälleen hyvä syy nousta barrikaadeille vaatimaan oikeuksiaan kuten ehkä nuorina teimme. Sieltä sun täältä alkaa löytyä rohkaisevia esimerkkejä onnistuneista muurinmurtajista ja vielä tarmoa täynnä olevien freelance-eläkeläisten kasvavasta heimosta. Suurissa ikäluokissa on edelleen voimaa ja tahtoa vaikuttaa parempaan huomiseen. Michael Caine on sanonut, ettei nuoruus ole elämänvaihe vaan mielentila. Tästä voisi johdatella myös ajatuksen, ettei vanhuus ole elämänvaihe vaan mielentila. Tai että se on yhtä aikaa molempia. Kaikki elämänvaiheet ovat arvokkaita ja omaan mielentilaamme voimme itse vaikuttaa. Ikääntymiseen liittyvät asenteet ovat ihmisten mielissä. Se millaisen uskomuspaketin olet itsellesi ostanut, vaikuttaa omaan minäkuvaasi ja vanhenemisen ideaasi. Jotkut meistä ryhtyvät auringonlaskun ratsastajiksi ja alkavat elää sen mukaan, mitä heidän mielestään missäkin iässä kuuluu tehdä, miltä näyttää ja miten puhua. Perälauta elämän rattailla alkaa olla lähempänä ja rooli tässä näytelmässä näytellään odotusten mukaisesti turhia hötkyilemättä. Joidenkin mielestä elämä on koulu. Jossain vaiheessa alkaa tuntua siltä, että opintoja on ollut jo riittävästi. On aika ryhtyä enemmän sivusta seuraajaksi. Oma päärooli elämän yliopistossa on suoritettu, vai onko? Yksi aikamme trendejä on, että ihmisen toimintakyky voi tulevaisuudessa olla ikää määrittävämpi tekijä. Se taas riippuu monista eri asioista. Monet lohduttavat itseään sanomalla, että ikä on vain numero, ei sen kummempaa. Se keskittyykö suremaan asioita, joista joutuu luopumaan, vai tarraako kiinni elämänvaiheen tarjoamiin uusiin mahdollisuuksiin, on oma valinta.

Minun ikäni on julkeasti kasvava numero, joka on paljon muutakin kuin numero. Se on itkua, iloa, surua, katkeruutta, petosta, kipua, hurmiota, häpeää. Viimeksimainittua koko ajan vähemmän.

Eveliina Talvitie: Vanha nainen tanssii

Sitten on tämä ällistyttävä seikkailijoiden heimo, joka pitää ikääntymistäkin vain uutena löytöretkenä, joka on täynnä ihmeitä. Arki voi sujua hieman leppoisammin kuin ennen, mutta uteliaisuus ei katoa. Ikuiset elämän löytöretkeilijät pysyvät valppaina ja tarraavat kiinni uudenlaisen elämänsä mahdollisuuksiin. Askel hitaampana ja ehkä keho hauraampana heissä palaa sitkeä elämänkipinä, joka löytää merkityksen jokaiselle uudelle aamulle. Ja miljoonat meistä, jotka yritämme valmentautua vanhuuteen, janoavat oppia heidän kannustavista tarinoistaan.

Lapsellista iloa uusista aamuista

Vanhuksen elämän paras hetki on tässä ja nyt.

Jaana Utti

En tunne itseäni vanhaksi. Minä olen lapsellinen ja minulla on hyvä huumorintaju. Tuntisin itseni vanhaksi, jos mikään ei huvittaisi enää. Elämäni suurin saavutus on kolme tytärtäni ja nyt minulla on jo lapsenlapsenlapsia.

En tiennyt tulevani näin vanhaksi. Kun olin pieni tyttö, toivoin, että minusta tulisi opettaja. Perheeni oli köyhä, eikä oppikoulua ollut lähimaillakaan, joten se haave jäi. Muutin Pohjanmaalta Helsinkiin piikomaan 15-vuotiaana. Tapasin tulevan mieheni ja menimme kihloihin, kun olin 16-vuotias, naimisiin 17-vuotiaana ja ensimmäisen lapsen saimme, kun olin 19.

En jäänyt kotiin istumaan, kun jäin 80-vuotiaana leskeksi. Alkoi uusi elämä. Ryhdyin maalaamaan ja menin uimakouluun. Luen paljon ja tytär lukee minulle kirjoja ääneen. Olen myös matkustanut tyttärien kanssa. Käyn teatterissa. Minulla on paljon ystäviä. 8o-vuotiskuvassa istun leikkipuistossa ratsun selässä.

Olen nyt kömpelömpi ja liikkuminen on rajoitetumpaa kuin nuorena. Nuorena tein paljon käsitöitä. Nyt käyn käsityökerhossa, kirjallisuuspiirissä ja maalauskerhossa kerran viikossa. Ongelmia minulla on älypuhelimen kanssa. Se on liian tekninen.

Ikääntyessäni olen oppinut kävelemään hiljaa ja olemaan positiivisempi kaikkia kohtaan. Yritän elää niin, että minulla olisi vain ystäviä, ei vihamiehiä. Tulevaisuudelta toivon, ettei olisi sotia ja lapsilla menisi hyvin ilman suuria murheita. Toivon, että lapset olisivat hyvissä väleissä keskenään kuolemani jälkeenkin ja olisi sen verran rahaa, että pääsisin omillani hautaan.

Elämäni loppuun asti haluaisin säilyttää positiivisen ajattelun taidon, etten koskaan tulisi katkeraksi. Toivoisin myös pystyväni lukemaan läpi elämäni. Vanhuuteen ei voi varautua. Minusta on ihanaa aamulla, kun avaan silmät ja on uusi päivä ja pääsen itse sängystä ylös!

Liisa Halonen, 86 vuotta

Hulvattomia rajojen rikkojia

Sen, koska kokee itsensä vanhaksi, voi itse päättää.

Jenni Spännäri

Sankaritarinat ovat aina kiehtoneet ihmisiä. Lasikattojen rikkojat ja henkensä alttiiksi panijat saavat meidät haukkomaan henkeä ihmeissämme ja samalla hieman kadehtien. Ilmassa on outoa seikkailuun kutsua. Murrosikäiset kokeilevat omia rajojaan etsiessään vielä kirjoittamatonta elämäntarinaansa. Joillekin ikääntyville näyttää tulevan myöhäinen uhmaikä. Halu näyttää, mihin minä vielä pystyn antaa uusia supervoimia. Ehkä taistelija-arkkityyppi nousee voimansa tunnossa näyttämään närhen munat niille typerille numeroille, joiden perusteella meidät luokitellaan ikääntyneiksi, jopa yli-ikäisiksi. Miksi ihmeessä suostuisin sellaiseen, kun koen olevani mies tai nainen parhaassa iässä?

Näyttää todellakin olevan olemassa ihmisiä, joille jokainen ikä tuntuu olevan oikea ikä. Seitsemänkymppinen ystävämme Markku

27

Vermas on hyvä esimerkki iättömistä supermiehistä. Hän rakastaa reipasta meininkiä ja kehuskelee sillä, ettei tarvitse paljoa unta. Moni asia tuntuu olevan hänelle helppoa. Entisenä laskuvarjo-jääkärinä hän sai kipinän treenata Normandian maihinnousun 75-vuotisjuhlaa varten. Koska hyppääminen vaatii paitsi taitoa ja rohkeutta, myös hyvää kuntoa, Markku aloitti tiukan ohjelman, jolla saavutti hyvän lihaskunnon ja saman painon kuin nuorena miehenä armeijassa. Niinpä hän juhlapäivänä satojen eri maista Normandiaan tulleiden laskuvarjohyppääjien kanssa teki useita hyppyjä toisen maailmansodan dramaattisille näyttämöille Ranskan länsirannikolla.

Kun kysyin Markulta, mistä kolmesta asiasta hän ei ikääntyes-sään haluaisi luopua, hänen listaltaan löytyi liikunnan ja purjeh-duksen lisäksi toiminta, työnteko ja uudet asiat. Olemme myös huomanneet, ettei Markku jätä toiveitaan pelkäksi kerskailevaksi puheeksi. Kun hän luki lehdestä Lapissa sesonkeina vallitsevasta työvoimapulasta, hän tarttui haasteeseen ja otti yhteyttä tunnet-tuun matkailuyrittäjään ja tarjoutui sesonkiapulaiseksi. Vaikka Markku on muuttanut eläköidyttyään Ranskan Rivieralle, hän lensi Lappiin esittäytymään joka paikan jantusena, joka on tullut hätiin tekemään sitä, mitä tarvitaan. Markun itseluottamus teki vaikutuksen ja niinpä hän sai pestin pohjoiseen seuraavanakin talvena. Reipas nuori mies sai paikan, Markku totesi tyytyväisenä.

Samalla tavalla kuin Markun elämänenergiasta, hurmaannumme vaikkapa Aira Samulinin, Seela Sellan tai Kirsti Paakkasen esimerkeistä itsensä toteuttajina, jotka viis veisaavat kertyneistä vuosista. Toivomme, että oma terveys ja kunto kestäisivät ja voisimme jatkaa toimeliasta elämää mahdollisimman pitkään.

Helsingin Sanomissa julkaistiin eläkkeellä olevan 81-vuotiaan opettaja Iiri Heinilän haastattelu. Rohkeat valinnat osoittautuivat elämänlaatua kohottaviksi.

Tein elämäni parhaan päätöksen, kun päätin kaksi vuotta sitten muuttaa pikkukaupungista Helsingin keskustaan. Pelkäsin, että muuten lamaannun henkisesti. Hankkiuduin eroon tavaroistani ja muutin puolta pienempään asuntoon. Sanoin itselleni, että tee itsellesi uusi elämä ja uusi vanhuus. Ja aina kun pyydetään jonnekin, sano 'kyllä, mielelläni'.

Päivääkään en ole katunut. Nyt almanakkani on täynnä toimintaa ja tekemistä. Täällä ovat myös kaikki palvelut lähempänä.

Olen täällä joka aamu onnellinen. Pyöräilen Kaivopuiston rannassa, uin Yrjönkadun uimahallissa ja käyn kulttuuririennoissa. Olen aktiivinen monessa järjestössä. Olen esimerkiksi Ullanlinnan yrittäjien ja Helsingin seniorioipettajien hallituksessa sekä mukana Kampin palvelukeskuksen toiminnassa. Helsingissä olen ottanut yhteyttä myös vanhoihin ystäviini, kuten laulaja Marjatta Leppäseen. Hän oli koulukaverini Vammalassa, mutta emme tavanneet vuosiin. Nyt käymme perjantaisin yhdessä elokuvissa ja sen jälkeen jossain istumassa. Tuntuu kuin vuosikymmeniä ei olisi kulunut tässä välissä lainkaan. Vanhojen ihmisten ei pidä heittäytyä eläkkeellä vain olemaan. Sanon aina, että tee jotain niillä tiedoilla ja taidoilla, mitä olet saanut. Ja pane suurin osa tavaroistasi kierrätykseen, niin ne eivät jää lasten riesaksi.

Eläkkeelle jäätyäni toimin pitkään erään firman maahantuojana, ja minulla oli yli sata jälleenmyyjää ympäri Suomea. Opettelin myös viron kielen. Se onkin yllättävän vaikeaa, kun pääsee vähän pidemmälle. Käyn nykyään usein Virossa jalkahoidossa.

Aivoni tuottavat koko ajan ideoita. Viime viikonloppuna olin mukana järjestämässä joulutapahtumaa läheiseen puistoon, ja sinne saatiin oikea porokin paikalle. Keväällä innostuin vanhanajan vappuviuhkojen tekemisestä. Tein niitä monta sataa. Kävin myymässä niitä lähikulmien liikkeissä, ja ne menivät hyvin kaupaksi: Huoneistokeskus osti oranssia, kauneushoitola vaaleanpunaista. Vapunpäivän aamuna olin pettynyt, kun sää oli niin surkea. Menin peilin eteen ja sanoin itselleni: Nyt suupielet ylös, Iiri, keksi äkkiä jotain hauskaa! Niinpä kävin soittamassa kaikki kotirappuni ovikellot läpi ja pyysin naapurit extempore-vappujuhliin. Kotiini tuli lyhyellä varoitusajalla 12 naapuria ja lapset päälle, ei hassumpaa. Pidin heille puheen. Nyt tunnen naapureitakin. Olen sanonut, että minulle saa tuoda lapset ja koirat hoitoon, mutta kissoista en niin välitä. Iäkkäiden ihmisten pitäisi ottaa rohkeasti kontaktia naapureihin. Olisi myös hyvä, että naapurit vähän kuulostelisivat, onko vanhuksilla kaikki hyvin. Pääasia on, ettei yksikään vanhus joudu kuolemaan yksin.

Erosin näyttelijämiehestäni ainoan lapseni synnyttyä, ja elin vuosia yksinhuoltajana. Nyt minulla on kaksi ihanaa lastenlasta.

Pride-kulkueen jälkeen kutsuin tyttärentyttäreni ja hänen ystävänsä luokseni syömään pitsaa. Prideen en itse ehtinyt tänä vuonna mukaan, mutta olin syksyllä ilmastomarssilla. Eläkeläisen kannattaa tavata eri-ikäisiä ihmisiä, niin pysyy perillä maailmanmenosta. Koulussa minulla ehti olla yli 4000 oppilasta. Imin nuorista voimaa. Murrosikäistenkin kanssa oli kauhean kivaa.

Yksi asia on minusta Suomessa pahasti pielessä. Nimittäin se, että meillä on vastaanottokeskukset täynnä toimettomia turvapaikanhakijoita, jotka haluaisivat tehdä työtä, mutta heitä ei saada työllistettyä. Samaan aikaan meillä on työvoimapula monella alalla. Tämä ottaa minua niin päähän, että kirjoitin asiasta hiljattain kirjeen sekä tasavallan presidentille että sisäministerille. Molempien kansliasta vastattiin kyllä kohteliaasti.

Mikä on jaksamiseni salaisuus? Minulla on olohuoneessa erilaisia painoja, ja nostelen niitä aina ohikulkiessani. Liikkuminen on tärkeää. Ei saa jäädä makaamaan! Syön paljon marjoja ja leivon itse siemenleipää, ne ovat superfoodia. Lääkkeitä minulla ei ole lainkaan. Pakotan itseni tekemään ristikoita, etteivät aivot lahoa. Kannattaa myös hemmotella välillä itseään. Käyn surutta kampaajalla ja hierojalla, ei rahojaan voi hautaan vielä. Olen sitä mieltä, että meille kaikille on annettu ainutkertainen elämä ja se kannattaa elää hyvin. Monet miettivät menneitä tai pelkäävät tulevia tapahtumia, mutta ajassa eläminen on hirveän tärkeää.

Ja ennen kaikkea negatiiviset asiat täytyy heittää helkkarin kuuseen! Ihmisen pitää elää elämänsä positiivisen kautta. Ikävät asiat täytyy käydä läpi, mutta sen jälkeen niitä voi olla aktiivisesti ajattelematta. Niin minäkin olen tehnyt ja onnistunut siinä. Ei elämää kannata hukata katkeruuteen tai toisten syyttelyyn. Tämä ei ole naivismia vaan totta. Tämä on ainoa oikea tapa elää.

Vilma Ikola

Helsingin Sanomat 1.5.2019

Vanhuus muilla mailla vierahilla

Italian merkitys ei kuitenkaan ollut vain sen taideaarteissa:
tärkeitä olivat myös etelän ilmasto, luonto ja yleinen tunnelma
sekä pohjoisille matkaajille kotioloja vapaampi ilmapiiri.

Kansallisgallerian arkistokokoelmien ja kirjaston tuottamalta
Lähteillä-sivustolta

Koska vietän yleensä talvet kirjoitushommissa ulkomailla, olen tavannut paljon senioriseikkailijoita ja ulkosuomalaisia. Osa on kaltaisiani, jotka pakenevat talvea jonnekin, missä on enemmän valoa ja lämpöä, osa on eläköidyttyään – tai ehkä jo aiemmin – muuttanut kokonaan ulkomaille. Jos omat lapset asuvat kyseisessä maassa, ratkaisu tuntuu luontevalta. Kuitenkin on monia rohkelikkoja, jotka ovat jättäneet koko menneen elämän taakseen ja astuneet toiseen ympäristöön, kulttuuriin ja kielialueelle ilman mitään aiempia siteitä uuteen kotiseutuun. Minua alkoi kiinnostaa se, millaiseksi he visioivat elämänsä ehtoovuodet kaukana synnyinseudustaan.

Haastattelin ensin Nizzaan muuttanutta Riittaa. Hän on kotoisin Torniosta, mutta on asunut sekä Yhdysvalloissa että Ruotsissa. Hän kertoi kiinnostuksensa Ranskaa kohtaan syttyneen jo yhdeksän vuotiaana, jolloin hän etsi ranskan oppikirjaa kotiseudun kirjakaupasta. Koska sellaista ei sattunut löytymään, hän osti kirjan italian alkeista. Riitalla ei ollut lukiossa ranskan kieltä oppiaineena, koska hänen oli tarkoitus kouluttautua lääkäriksi. Hän valitsi sen takia matematiikan, biologian ja latinankielen. Tuttu poika sen sijaan opiskeli ranskaa ja kirjoitti ylioppilasjuhlissa Riitan iltalaukkuun: *Je t'aime toujours*[1]. Molemmat nuoret haaveilivat "maailman valloittamisesta", matkustamisesta suureen maailmaan. Riitta meni kesätöihin Norjaan ja sieltä opiskelemaan. Poika päätyi eri paikkakunnalle. Riitta muutti Tukholmaan ja jäi sinne 30 vuodeksi. Kun suurkaupunki tuli tutuksi, hänelle tuli tarve nähdä enemmän ja hän muutti pariksi vuodeksi New Yorkiin.

Koulun päätyttyä meni kolmekymmentä vuotta, ennen kuin Riitta tapasi iltalaukkuun kohtalokkaan lauseen kirjoittaneen pojan uudelleen. Tämäkin oli asunnut työnsä puolesta ulkomailla. Hänen alueensa oli silloin uusi tietotekniikka ja hänestä tuli systeemianalyytikko. Riitta syväluotasi ihmismieltä, fyysisen ja

---

1 Rakastan sinua ikuisesti.

henkisen yhteyksiä. Kaksi toisensa uudelleen löytänyttä nomadisielua jakoivat kokemuksia keskenään ja menivät naimisiin. Molemmat olivat uteliaita tutkimaan maailmaa tutun ja tunnetun ulkopuolella. Kosmologia oli myös yhteinen kiinnostuksen kohde. Kun molemmat pääsivät eläkkeelle, heistä tuntui luontevalta valita joku omanlainen kolkka maailmalta ja jatkaa sieltä käsin tutkimusmatkoja. Molemmille nousi Ranska mieleen ja kauan sitten kirjoitettu *"je t'aime toujours"* nousi kuin tienviitaksi. Tunnustelumatkoja erilaisiin paikkoihin tehtiin ja etsittiin jotain sellaista, joka olisi talvellakin riittävän suurta ja elävää. Suomen ulkosaaristossa oli mökki kesiä ja luntokosketusta varten.

Kun päätös vihdoin tehtiin, Riitta miehineen osti asunnon Nizzasta ja muutti sinne. Kohtalo puuttui kuitenkin peliin ja pian muuton jälkeen Riitan puoliso sairastui vakavasti. Sairastumisen syytä ei heti löydetty ja kun se selvisi, oli jo liian myöhäistä. Yhteiselon sijaan Riitta jäikin leskeksi harjoittelemaan elämää vieraalla maalla. Kun hän miehensä kanssa muutti Nizzaan, he eivät tunteneet siellä ketään. Nyt useita vuosia myöhemmin Riitalla on paljon Rivieralla asuvia, etupäässä suomalaisia ystäviä, joten sosiaalista verkostoa kyllä löytyy. Hän uskoo, että hänen vuosikymmenten historiansa vieraalla maalla asumisesta on tehnyt hänelle muuton helpoksi. Hänellä ei ole ikävä jonnekin kaukaiselle kotiseudulleen. Ranskan kielen puhuminen ei toki osoittautunut niin helpoksi kuin hän lapsena kuvitteli. Taidot karttuvat koko ajan. Kuitenkin Riitta miettii tulevaisuudelleen myös vaihtoehtoja. Olisiko järkevämpää myydä omistusasunto ja valita aina elämäntilanteeseen sopiva asuinpaikka. Tulevaisuuden näkymät ovat erilaiset parisuhteessa kuin yksin eläjälle.

Musiikkiperheen kiireetön arki

Kohta 80 vuotta täyttävä Ritva Laurila kokee ihan tavallisen hyvän arjen tarjoavan itselleen kaikki merkityksellisen elämän ainekset. Suomalaisesta musiikkimaailmasta tutut Ritva ja Heikki Laurila muuttivat Nizzaan, kun Ritva jäi varhaiseläkkeelle. Nizza oli heidän ainoan lapsensa Marin valinta, eikä vanhempien tarvinnut sitä sen enempää miettiä. He halusivat asua tyttärensä lähettyvillä ja saivat myöhemmin vielä lapsenlapsenkin suureksi ilokseen. Musiikki on tärkeää koko perheelle ja Ritva kuvaakin itseään ja puolisoaan musiikin suurkuluttajina. He käyvät konserteissa ja oopperassa ja iloitsevat siitä, että Ranskassa televisiosta tulee erittäin laadukkaita musiikkiohjelmia. Ritva pitää laulamisesta edelleen ja järjestää Ranskan Rivieralla asuville suomalaisille talvisin toivelaululounaita. Joulun alla osallistujamäärä kauneimpien joululaulujen tilaisuuteen on kasvanut jo satapäiseksi.

Ritva toivoo, että saisi pitää lauluäänensä loppuun asti. Hän ei tunne itseään vanhaksi ja miettii, että jos tulee vaivoja, eikä enää jaksa tehdä asioita, tulee varmaan tunne siitä, että on vanha. Hän joogaa joka aamu, niin kuin on tehnyt jo viisitoista vuotta. Ritva on innokas lähtemään ja harrastamaan. Sen lisäksi hän lukee paljon. Neljällä kielellä: suomeksi, ruotsiksi, englanniksi ja ranskaksi. Tämä tekee hyvää aivoillekin. Miehensä kanssa he harrastavat myös golfia ja petankkia. Tosin hän tunnustaa golfin myötä oppineensa kiroilemaan. Aloittaessaan pelaamisen hän ei voinut ymmärtää, että hänellä voi olla niin huono keskittymiskyky ja ärräpäät lentelivät, kun pallo lensi minne sattui. Nyt hän yrittää päästä eroon kiroilusta ja toivoo, että hänestä tulisi kiltti ja tyytyväinen vanhus. Hän pohtii, että sen varmistamiseksi kannattaa ajatella asiat niin pitkälle, ettei mikään jää kaivelemaan mieltä. Ei sellainen, mitä on kauan sitten tehnyt tai mitä on jättänyt tekemättä. Antaisi itselleen ja muille anteeksi ja säilyttäisi empatiakyvyn ja iloisen mielen.

Yksi syy siihen, että Ritva kokee elävänsä ihanaa arkea, on fantastinen parisuhde. Viidenkymmenenkahdeksan yhteisen vuoden aikana on tehty kaikki asiat yhdessä, jopa hankittu lentolupakirjat ja käyty navigointikurssit. Yhdessä Laurilat lensivät kahdenkymmenenkahdeksan vuoden ajan, myös ulkomaille. Laurilat veneilivätkin paljon. Nyt he nauttivat kiireettömyydestä ilman paineita. Ritva kertoo nauttivansa jokaisesta uudesta aamusta, jolloin hän avaa silmänsä. Usein katse osuu ikkunaan, josta näkyy auringon valaisema naapuritalon savupiippu. Ihan tavallinen arki tuntuu ihanalta.[2]

---

2 Heikki Laurila kuoli helmikuussa 2021 Nizzassa. Tämä haastattelu on tehty ennen sitä.

Haamueläkeläisiä

Elämän mielekkyys riippuu vanhuudessa yksilöllisistä kyvyistä, taidoista ja hankituista luonteenpiirteistä, mutta myös kulttuurin kulloisistakin arvostuksista. Kunkin kulttuurin arvostukset näkyvät rooleissa, joiden kautta ihmisille hahmottuu paikka yhteiskunnallisten käytäntöjen osasina. Roolit puolestaan määrittelevät hyveet, joita toteuttamalla ihminen ansaitsee tunnustusta.

Maija-Riitta Ollila

Laitoin muutamaan Facebook-ryhmään kyselyn haamueläkeläisistä, jotka eivät malta jäädä eläkkeelle, vaan jatkavat työntekoa vielä eläköitymisen jälkeenkin. Sain runsaasti vastauksia, toinen toistaan kiinnostavampia tarinoita. Vaikka tämä oli vain pieni otanta, minulle tuli tunne, että suuren ikäluokan parissa on runsaasti kaltaisiani muka eläkeläisiä. Emme ole vielä valmiita viettämään leppoisia eläkepäiviä vaan sisällämme on palo tehdä jotain. Vaikuttaa johonkin. Hyödyntää taitojamme ja kenties osoittaa itsellemme ja muille, että pystymme vielä. Jotain on vielä saavuttamatta.

Jos työn ideaa ajattelee väljästi, kaikenlainen huomisen muutoksiin ideoittensa ja energiansa käyttäminen on työtä. Emme ole tehneet sitä ainoastaan rahan vuoksi. Monilla työhön on liittynyt henkilökohtaisia tavoitteita, tekemisen, selviytymisen ja onnistumisen riemua. Työstä on tullut osa identitettiämme, sitä on vaikea irrottaa siitä kuvasta, joka meillä on itsestämme. Voimme luopua titteleistämme ja asemastamme, mutta se on vain osa tarinaa. Jos olemme tehneet tietotyötä tai luovaa ajattelutyötä, tieto ja ideat eivät katoa hyvästellessämme palkkatyön. Tuskin mielenkiintokaan omaan mieluisaan ammattialaan. Jos työmme on vaatinut kädentaitoja ja ammattiosaamista, sekään ei katoa hetkessä. Nyt energia pitäisi suunnata toisaalle, mutta mitä sitten, jos sisällämme palaa vielä liekki tarjota omaa antiamme yhteiseen tarinaan? Suomessa on hyvin koulutettu ja osaava väestö. On sääli, jos yhteiskunta ei osaa hyödyntää kaikkea osaamispääomaa, vaikka eläkkeelle jääneet olisivat kokemuksineen vielä täysin toimintakykyisiä ja halukkaita osallistumaan.

Jotkut perustavat oman yrityksen. Toiset jatkavat entisen työnantajan tai asiakkaan apujoukoissa. Monet saavat iloa mentorina toimimisesta. Ja koska aikamme tarjoaa huikeasti mahdollisuuksia, jotkut opiskelevat vielä uusia taitoja ja löytävät itselleen kiinnostavia tapoja olla hyödyksi. Maailmassa on rajattomasti tarpeita idearikkaille, luoville ja osaaville ihmisille. Siellä, missä tarve on suuri, kannattaisi ensisijaisesti etsiä pätevää ja omistautuvaa tekijää sen sijaan, että päätyisi etsimään tietyn ikäistä henkilöä.

Eläkkeelle jääminen oli kuin olisi tullut tienhaaraan, jossa ei ollut mitään viittoja siitä, mihin nyt pitäisi mennä tai mitä missäkin odotti. Oli vain rohkeasti lähdettävä johonkin. Mutta ensin oli selattava omat mieltymykset ja taipumukset, löytyisikö niistä jokin vinkki. Sitten oli vain rohkeasti lähdettävä toteuttamaan valittua linjaa tai harrastusta, johon oli aiemmin mieltynyt. Kun se oli selvinnyt, sitten sitä vain oli rohkeasti toteutettava. Olinhan jo selvinnyt raskaasta työelämästäkin, joten kyllä tämäkin tulee onnistumaan ja niinpä onnistuikin.

Minulla on ohjeena aina ollut, että on otettava jokin päämäärä ja ponnisteltava sitä kohti kaikin voimin. Ei pidä masentua vastoinkäymisistä, vaan on yritettävä ottaa niistä oppia, ettei tulisi tehdyksi samoja virheitä uudestaan. Jos olet hyvä kuuntelemaan ystäviesi tarinoita, löydät varmasti joistakin niistä hyviä vinkkejä heidän elämänsä kokemuksista.

Eläkkeellä olemisesta on ainakin yksi etu: jos sinulla on vielä aivokapasiteettia jäljellä, voit käyttää sitä omaksi iloksi ja hyödyksi. Ja siitä saa suuren tyydytyksen, kun pystyy vielä tällä iällä luomaan jotain hyödyllistä.

90-vuotias eläkeläinen, ylikonemestari Jorma J. Kataja kirjassaan Terveisiä menneestä elämästä, jota olemme eläneet jo yli 70 vuotta

Hyvillä mielin eläkkeelle

Miina oli tehnyt 40 vuoden uran tunnetussa, isossa kansainvälisessä yhtiössä. Hänen viimeisin tehtävänsä henkilöstöjohtajana oli käydä läpi rankat YT-neuvottelut kaikkien tehtaan työntekijöiden kanssa ennen kuin tehdas muutti ulkomaille. Sitten hän jäi itse eläkkeelle 62-vuotiaana.

Henkilöstöhallinnon ammattilaisena Miina tunsi, että hänellä olisi vielä paljon annettavaa. Sitä paitsi hän halusi viimeisestä työstään hyvän mielen, jota tehtaan alasajosta ei jäänyt. Niinpä hän työskenteli vielä kuusi vuotta perustamassaan yrityksessä ja oppi samalla täysin uusia aloja. Viimeinen työ oli osa-aikaisena henkilöstöasiantuntijana konsulttifirmassa. Kun hän jäi 68-vuotiaana eläkkeelle, hän pystyi tekemään sen hyvillä mielin. Nyt 73-vuotias Miina viettää keväät ja syksyt Kreetalla, lukee paljon ja käy talvella Suomessa ahkerasti kulttuuririennoissa. Hyvän ystävän kanssa hän on tehnyt yhden pitkän ulkomaanmatkan vuodessa johonkin eksoottiseen paikkaan.

Miina vastaili hänelle esittämiini kysymyksiin. Nämä samat kysymykset tulevat vielä kirjassa vastaasi ja pääset pohtimaan omia vastauksiasi. Minusta on kiinnostavaa ja jopa lohdullista lukea ikätovereiden vastauksia. Niissä on paljon yhteistä, vaikka elämänvaiheet voivat olla täysin erilaisia.

Pelottaako vanheneminen sinua? Miksi?

Vanheneminen sinällään ei pelota minua, se kuuluu elämän kiertokulkuun. Terveyden horjuminen sitä vastoin pelottaa. Minulla on ns. huono perimä sydän- ja verisuonitauteihin sekä isän että äidin puolelta, plus DB2-perimä äidin puolelta. Kammottavinta olisi esim. halvaantuminen "vihannekseksi". Kannatan eutanasiaa.

Oletko mielestäsi vanha?

En tunne itseäni vanhaksi. Välillä joudun jopa miettimään, minkä ikäinen olen. Toki on paljon ihmisiä, jotka ovat n. minun ikäisiä ja huomattavasti reippaampia ja aktiivisempia kuin minä.

Mistä tietäisit tulleesi vanhaksi?

Jos kiinnostus maailman tapahtumiin lakkaisi totaalisesti ja päivittäin käyttäisin aikaa vain televisiosarjojen tuijottamiseen. Tietysti vakavat terveyttä uhkaavat "krempat" toisivat myös tunteen, että olen vanhus.

Mitä uutta olet oppinut itsestäsi iän myötä?

Kaipaan entistä enemmän harmoniaa elämääni, kinastelu tai epäsopu masentavat ja ahdistavat. Toisaalta kuitenkin esitän mielipiteeni nykyisin ehkä voimakkaammin kuin aikaisemmin.

Millainen vanhus haluaisit olla?

Tietysti mahdollisimman terve ja aktiivinen, hyväntuulinen. Isoäiti, jonka luokse lapsenlapset tulisivat mielellään, vaikka ovat kasvaneet aikuisiksi.

Mistä aikaansaannoksistasi olet iloinnut eniten?

Lapset ovat ehdottomasti tärkeimmät. Olen ollut aina hyvin työkeskeinen ja vastuuntuntoinen, joten myös työssä menestyminen on tuottanut iloa, rankoista tilanteista huolimatta. Suuri ilonaihe on ollut myös se, että ex-mieheni konkurssin ja avioeroni jälkeen olen päässyt taloudellisesti jaloilleni ja voin sanoa, että minulla on hyvä toimeentulo. Konkurssin myötä menetimme kaiken omaisuutemme ja erossa jaettiin omaisuuden tilalla enemmänkin vain velkoja.

Haluatko vaikuttaa tulevaisuuteen? Miten?

Tietysti yrittämällä pitää itsestäni hyvää huolta, pysymällä aktiivisena ja positiivisena. Yhteiskunnallinen vaikuttaja en varsinaisesti ole, mutta säännöllisesti lahjoitan jonkin verran muutamalle luottamalleni hyväntekeväisyysjärjestölle, jotta maailma olisi helpompi paikka elää erityisesti kehitysmaiden tytöille.

Haluaisitko kumota joitain ikääntymiseen liittyviä uskomuksia? Mitä?

Ikääntyviä ei pitäisi niputtaa samaan muottiin, kaikki eivät esim. ole höppäniä. Vanhuus ja viisaus ei myöskään valitettavasti aina toteudu, niin positiivista kuin se olisikin. Emme halua olla sellainen taakka yhteiskunnalle kuin nykyisin näytetään usein ajateltavan.

Mitkä kolme taitoa haluaisit säilyttää elämäsi loppuun saakka?

Ystävällisyyden, empaattisuuden ja uteliaisuuden uusia asioita kohtaan.

Miten vanhuuteen voi varautua vai voiko?

Kuten aina todetaan, itsestään huolen pitämisen keinoin, tosin mitä parhaimmassa kunnossa olevatkin voivat sairastua vakavasti.

Rakentamalla tietynlaista turvaverkkoa itselleen: pitämällä hyvät välit läheisiin, hoitamalla ystävyyssuhteita.

Keräämällä puskurirahastoa.

Itse olen aloittanut vähitellen tekemään ns. kuolinsiivousta eli helpottamaan lasteni tehtäviä, jos sairastun niin vakavasti, etten pysty hoitamaan asioitani eli hävittämällä turhia tavaroita, tekemällä mapin kaikista sopimuksistani, salasanoista jne. tekemällä testamentin, edunvalvontavaltuutuksen, hoitotahdon, elinluovutustestamentin.

Mitä hyvää ikääntyminen tuo tullessaan – jos tuo?

Stressittömyyttä hektisten ruuhka- ja työvuosien jälkeen.

Mahdollisuuden päättää omasta ajankäytöstään.

Mahdollisuutta matkustella muutenkin kuin työmatkoilla ja koulujen loma-aikana.

Ovatko jotkut ikääntymiseen liittyvät muutokset yllättäneet sinut?

Koska työskentelin pitkään vaativissa tehtävissä ja vähensin työntekoa asteittain ja suunnitelmallisesti niin yllätyksenä tuli tyhjyys ja ihmettely "tässäkö tämä elämä oli" ja tyhjyys eläkkeelle jäätyäni sekä masennus, joka edelleen vaivaa minua ajoittain.

Mitä merkityksellinen elämä tarkoittaa sinulle?

Tunnen olevani tarpeellinen lapsieni perheille.

Pystyn olemaan niin aktiivinen kuin itse tahdon esim. matkustella, käydä kulttuuririennoissa, tavata ystäviä.

Jaksan seurata yleistä elämänmenoa.

Minulla on hyvä olla.

Voin auttaa muita eri tavoin.

Onko sinulla joitain esikuvia vanhuksista, joita ihailet? Mitä heissä erityisesti?

Eri vanhuksilla tai jo edesmenneillä on ollut tapoja tai ominaisuuksia joita voi ihailla, mutta nimeltä mainiten on vaikea nimetä ketään henkilökohtaisesti tuntemaani henkilöä. Suomalaisista ehkä Eeva Kilpi, Sauli Niinistö (vanhus?, olemme saman ikäisiä!), Vappu Taipale. Ovat kaikki aktiivisia, oman mielipiteensä reippaasti esille tuovia ja johdonmukaisesti toimivia.

Onko tärkeysjärjestys elämässäsi muuttunut eläköitymisen/ jälkeen?

Arvostan enemmän rauhallisuutta ja omaa aikaa kuin töissä ollessani. Lapset perheineen tulevat ehdottomana ykkösenä (toki he ovat aina olleet, mutta nykyisin vielä enemmän). Terveyden merkitys on korostunut, samoin ystävyyden merkitys.

Onko elämässäsi tapahtunut ihmeitä?

Negatiivinen ihme oli ex-mieheni konkurssi ja sen myötä paljastuneet asiat. Positiivista taas oli kuinka hyvin pääsin siitä jaloilleni.

Millainen on suhteesi kuolemaan? Miksei kukaan puhu kuolemasta?

Kuolema tulee, kun on tullakseen. Se tulee varmasti meille jokaiselle. Oman kuoleman toivon saapuvan siten, ettei minun tarvitsisi sairastaa, kokea kovia kipuja tai dementoitua, vaan lähtisin ns. saappaat jalassa.

Mitä teet, kun maailma on kylmä ja olet yksin?

Kuten aikaisemmin totesin, minulla on taipumusta masennukseen, joten todennäköisesti käpertyisin joksikin aikaa itseeni. Jos se pitkittyisi, hakeutuisin terapeutille. Se on ollut minulle toimiva ja sopiva malli.

Tunnetko itsesi arvokkaaksi ja merkitykselliseksi?

Jokainen ihminen on arvokas omana itsenään. Masennuksen hetkinä ei tunne arvoaan ja sitä pitää yrittää selittää itselleen ja perustella miksi ja tyrmätä omat vastaväitteensä. Tällä hetkellä tunnen itseni arvokkaaksi ja merkitykselliseksi.

Koetko, että sinulla on mahdollisuus liittyä ympäröivään todellisuuteen sitä rikastuttavalla tavalla?

Mahdollisuus aina on, mutta on oma valinta miten aktiivisesti haluaa osallistua esim. yhdistystoimintaan.

Uskon, että rikastutan esim. lastenlasteni elämää.

Jos elämä olisi koulu, mitkä kolme asiaa haluaisit sen aikana oppia?

Ajattelen tässä lähtötilanteena, että olisin aivan blanko:

– Toisten ihmisten huomioon ottamista, kuuntelemista, empatiaa

– Kykyä rakastaa ihmisiä ja luontoa

– Vastuuntuntoa ja rehellisyyttä

Reppumatka oman elämän sisällöntuottajaksi

Reppuuni on kertynyt tavaroita, tapoja, ajatuksia, uskomuksia, tarpeellisia ja tarpeettomia tekemisiä, muistoja, murehtimisia, märehtimisiä. Niitä kuljetan mukanani. On aika jättää ne. Miten? Sen jäsentää Reppuvihkoni, jonka ääressä aion viipyä joka aamu lyhyen tai pitemmän hetken.

Alunperin sytyin haamueläkeläisideasta luettuani teologi, yrittäjä, tietokirjailija Tapio Aaltosen blogin, jossa yllä oleva kuvaus vilahti. Niinpä halusin myös kuulla hänen kokemuksistaan merkityksellisestä elämästä sen jälkeen, kun hän luopui menestyksellisen yrityksensä Novetos Oy:n johtajuudesta ja johtamisen kehittämistöistään. Tapio tunnusti olleensa hyvin työorientoitunut. Hän oli perustanut Novetoksen ja sen työyhteisö oli hänelle tärkeä. Hänellä oli myös kokemusta yrityksistä, joiden tarina päättyi sen takia, että ne olivat profiloituneet liikaa yhteen vahvaan henkilöön. Tapio ymmärsi, että hänen on harjoiteltava luopumista hyvissä ajoin, jo vuosia etukäteen. Pari vuotta ennen eläköitymistään hän kehitti itselleen siirtymäriitin, reppuvihkon, jossa hän joka aamu pohti luopumista neljästä eri näkökulmasta:

1. Ankkuriosasto. Kuka minä olen? Mikä on minulle tärkeää? Mihin kiinnitän itseni?

2. Luopuminen. Mitä ilman tulen toimeen? Entä jos luopuisin joka päivä yhdestä tavarasta, tavasta, teosta tai reaktiosta?

3. Elevaatio-osasto. Mikä kohottaa minua? Miten voin nostaa toisia?

4. Taikamaa. Mihin suuntaan elämääni? Mitä tekisin, jos ei olisi mitään rajoituksia?

Intensiivisesti tehdystä päivittäisestä mietiskelystä tuli vahva prosessi ja reppuvihkosta itsensä johtamisen työkalu. Tavarasta luopumisesta tuli hyödyllinen harjoitus, jota Tapio teki päivittäin yli vuoden ajan. Näin Tapio myöhemmin kuvailee: Reppuni on keventynyt ja siinä samassa myös oloni. Monikaan noista irtautumisista ei ole oikeasti tehnyt kipeää. Aika monet tottumukseni näyttävät olevan tarpeettomia, samoin jotkut ajatusluutumat, kuten vaikka että "asioiden on mentävä minun tavallani" tai että "murhe päivässä piristää".

Luopumisharjoitukset kaikkineen auttoivat parempaan itsetuntemukseen ja siirtymään kohti uutta. Vaikka Tapio oli jo hyvissä ajoin luopunut tärkeistä rooleistaan yrityksen toimitusjohtajana ja hallituksen puheenjohtajana, hänet yllätti se, miten vaikeaa päivätyöstä luopuminen neljä vuotta sitten oli. Hän luuli valmistautuneensa muutokseen hyvin, mutta se, ettei hänellä enää ollutkaan työyhteisöä, eikä kukaan tullut kysymään hänen mielipidettään, tuntui orvolta. Tilalle oli kehitettävä mielekästä tekemistä, jotain uutta tärkeää.

Elän murrosvaihetta. Jotain on takana. Edessä on – ehkei mitään. Olen alkanut pala palalta katkoa siteitä menneeseen, joskus suunnitellusti, joskus sattumalta.

– Se, että olen huono oleilemaan, ei liity ikään, Tapio toteaa. – Minulla on aina ollut paljon aktiviteetteja. Onneksi kaikesta ei kuitenkaan tarvinnut luopua. Musiikkiharrastus, yhteisön hyväksi toiminta ja tärkeitä ihmissuhteita on jäljellä. Myös uusia ystäviä on löytynyt.

Tapio uskoo, että identiteetti on koko ajan muuttuva, jatkuvasti syventyvä. Itsestään löytää uusia puolia. Hänen mielestään ihmiset ovat vanhetessaan vielä enemmän keskenään erilaisia kuin lapset, jotka aloittavat koulunkäynnin. Samankaltaistaminen palvelee vain byrokraatteja.

Ilman työelämän tärkeitä rooleja on vapaampi ilmaisemaan itseään ja myös valmiimpi ottamaan iskuja vastaan. On vapaampi menemään barrikaadeille niiden asioiden puolesta, jotka tuntuvat tärkeiltä. Tapio tunnustaa aina kapinoinneensa tiukkoja dogmeja vastaan ja kirkon piiristä tällaisia kyllä löytyy. Tapio ottaa kirjoituksissaan ja valinnoissaan kantaa inhimillisen vapauden ja hyvän johtamisen puolesta. Hän haluaa antaa itselleen nyt enemmän tilaa tällaiselle toiminnalle.

Uskon uuteen, mitä ikinä se onkaan. Haluan yhä vaikuttaa – työelämään, kirkkoon, ihmisiin. Haluan olla osa jotain yhteisöä, joka on minulle tärkeä.

Luopumisen rituaali ei ole ainoa, minkä Tapio on itselleen kehittänyt. Hän tarkastelee myös elämänsä tarinaa otsikoimalla elämän arkisia osa-alueita ja tallentamalla niitä luetteloina tietokoneelle. A niin kuin asunnot, autot jne. H = harrastukset, Y = ystävät. Tällaisista palasista voi hahmottaa Tapio Aaltosen elämän kokonaisuutena iloineen, haasteineen ja hauskoine yksityiskohtineen. Se on kuin erilaisista väreistä muodostuva taideteos, jota voi itse ihmetellä ja ehkä myös lapset ja lapsenlapset joskus myöhemmin. Elämäni hakusanat, Encyclopedia Tapsa.

Jos nyt kuolisin, olisin jo ehtinyt elää hyvän elämän kokonaisuutena, Tapio sanoo. Jokainen edessäni oleva hetki on bonusta, lisätehtävää, mahdollisuus olla avuksi rakkailleni, jännittävää lisäaikaa. Jotain on vielä kesken, ja jotain ehkä jääkin kesken. Sisällöntuottaja on uusia ammattinimikkeitä. Nyt ajattelen olevani elämänsisällön tuottaja, ainakin itselleni, ehkä jollekulle muullekin. Maistelen tätä päivitettyä ammattiani. Elämän merkitys on lopulta sen sisällössä, ei pituudessa.

Esitin myös Tapiolle kysymykset, jotka odottavat kaikkia lukijoita kirjan lopussa. Näin Tapio improvisoi vastauksensa:

Pelottaako vanheneminen sinua?

Olen 76. Vanheneminen ei pelota minua lainkaan. On kiinnostavaa katsoa taaksepäin ja kokea, että homma melkein suoritettu. Elämä on ikään kuin paketissa. Jos kuolisin nyt, niin mitään hirvittävän tärkeää ei olisi jäänyt elämättä. Toisaalta elän mielelläni vielä 10 vuotta tai ylikin. On jännittävää seurata lastenlasten elämää ja maailman menoa. En pelkää sitäkään, että kuntoni vähitellen heikkenee. Ihminen sopeutuu kaikenlaiseen.

Sitä en toivo, että tulisi taakaksi muille, läheisille tai yhteiskunnalle. Toivoisin, että eutanasia olisi hyväksytty mahdollisuus tilanteessa, jossa keho ja pää ovat jo finaalissa.

Oletko mielestäsi vanha?

Olen vanha ja koen sen. Vanhukseksi en vielä koe itseäni. Saan jatkuvasti uusia ideoita ja mielessäni on monia hankkeita, joita vielä tekisin mielelläni, jos se olisi mahdollista.

Mistä tietäisit tulleesi vanhaksi?

Silloin tiedän tulleeni vanhaksi, kun kiinnostukseni elämänilmiöitä kohtaan on hiipunut.

Millainen vanhus haluaisit olla?

Haluaisin olla utelias ja innostunut keskustelija, muistiinmerkitsijä, uusiksi ajattelija ja läheisiä kannustava.

Mistä aikaansaannoksistasi olet iloinnut eniten?

Olen aloittanut monia uusia asioita ja arvostan sitä. Eniten kuitenkin saan mielihyvää, kun joka kertoo saaneensa minulta henkistä tukea ja sparrausta esimerkiksi hankalassa tilanteessa. Sekä innostusta johonkin hankkeeseen, työhön, harrastuksiin, tutkimukseen ja itsensä kehittämiseen.

Haluatko vaikuttaa tulevaisuuteen? Miten?

Haluan vaikuttaa tulevaisuuteen. Keskustelemalla ja kirjoittamalla.

Haluaisitko kumota joitain ikääntymiseen liittyviä uskomuksia? Mitä?

Ikääntymiseen liittyy valtavasti uskomuksia ja stereotypioita. Jokainen vanha on omanlaisensa. Esimerkiksi kaikki vanhukset eivät halua vain olla kiikkustuolissa. Moni vanha, kuten minä, haluaa osallistua aktiivisesti.

Mitkä kolme taitoa haluaisit säilyttää elämäsi loppuun asti?

Kolme taitoa, jotka haluan säilyttää? Kyky ajatella asioita uusiksi (ideointi). Kyky ilmaista ajatuksiani kirjallisesti tai verbaalisesti. Kyky liikkua edes kohtuullisesti (ainakin kävely).

Miten vanhuuteen voi varautua vai voiko?

Vanhuuteen voi ja tulee varautua. Esimerkiksi siten, että viimeistään 60-vuotiaana alkaa harjoitella luopumisen taitoa, aluksi pienesti. Kannattaa myös huolehtia siitä, että on läheisiä ihmissuhteita.

Mitä hyvää ikääntyminen tuo tullessaan – vai tuoko?

Ikääntyminen tuo paljon hyvää: perspektiiviä asioihin, rauhoittumista, kykyä nauraa itselleen, malttia, aikaa aidosti kiinnostaville asioille ja uusien taitojen oppimiselle.

Mitä merkityksellinen elämä tarkoittaa sinulle?

Merkityksellinen elämä on sitä, että koen olevan edes jossain määrin hyödyksi joillekuille tai maailmalle.

Onko sinulla joitain esikuvia vanhuksista, joita ihailet? Mitä heissä?

Jokainen elämässä vireästi kiinni oleva yli 90-vuotias. Monia heitä leimaa positiivinen mieli, jossa ei kanneta turhia huolia.

Onko tärkeysjärjestys elämässäsi muuttunut eläköitymisen jälkeen?

Eläköitymisen jälkeen olen panostanut pro bono -hankkeisiin, opiskellut tai parannellut kielitaitoja, ottanut uusia liikuntaharrastuksia, lukenut kiinnostavia tekstejä. Lisäksi olen jonkin verran tehnyt sitä, mitä ennenkin (hieman luennointia ja mentorointia sekä ennen kaikkea kirjoittelua).

Mikä on parisuhteen merkitys kypsässä iässä?

Parisuhteen merkitys on tosi suuri. Toista kohtaan on armeliaampi. On suuri lahja, jos saa vanheta ihmisen kanssa, jota rakastaa ja josta välittää.

Onko elämässäsi tapahtunut ihmeitä?

Ihmeitä? Elämää pidän suurena ihmeenä, mutta en osaa oikein luokitella erilaisia tapahtumia ja kokemuksiani ihmeiksi tai antaa niille ihmeen merkitystä. Ihmeellisiä asioita on tapahtunut, mutta jotenkin ajattelen niiden takana ensisijaisesti olevan luonnollisia selityksiä. Onko jokin erikoinen episodi ihme, johdatus vai sattuma?

Minusta se jää aina salaisuudeksi. Tämä ei tarkoita, että vähättelisin muiden kokemia ihmeitä, jotka usein ovat kokijoilleen merkityksellisiä.

Jos vanhuuteen olisi olemassa nuotit, millaisia ne olisivat sinun mielestäsi?

Vanhuus eletään jazzin nuottien mukaan, jolloin nuotteja ei paljon kirjoitella. Ehkä esitysohjeeksi voisi laittaa: kuuntele itseäsi, säilytä uteliaisuutesi, muista kiitollinen mieli, vaali merkityksellisiä ihmissuhteita, nojaa armoon ja armollisuuteen, älä kanna katkeruutta, anna aivoillesi haasteita (vaikka pieniäkin), liiku niin paljon kuin kulloinkin on mahdollista.

Kiinnitä huomiosi pikemmin asioihin, joista voit olla kiitollinen, kuin laiminlyöntien vatvomiseen ja katumiseen.

Millainen on suhteesi kuolemaan?

Kuoleman koen vapauttavana. En pelkää sitä vähäisessäkään määrin. Viimeisellä portilla olennaista on armo.

Usko merkitsee minulle ennen kaikkea yhteyttä armolliseen Jumalaan. Elämä on aina jossain määrin taistelua(kin). Kuolema on lahja, joka annetaan ennemmin tai myöhemmin. En tiedä, mitä on kuoleman jälkeen. Kristillinen usko puhuu iankaikkisen elämän toivosta. Se on toivo, ei tieto. Toivo on aina hyvä juttu. En oikeastaan sen kummemmin edes ajattele kuolemaa, enkä pidä asennettani torjuntana. Tunnen eläneeni hyvän ja vaiherikkaan elämän iloineen ja suruineen. Kaikki tulevat päivät ovat bonusta. Keskityn elämään, en kuolemaan. Jos kuolisin nyt, oletan erityisesti lastenlasteni kaipaavan pappaa. Sekä tietenkin lasteni ja puolisoni, mutta jostain syystä lastenlapset ovat erityisesti mielessäni. Se on yksi motiivi siihen, että pyrin pitämään itsestäni hyvää huolta, jotten ainakaan välinpitämättömällä elämälläni kiirehtisi kuolemaani.

Miksei kukaan puhu kuolemasta?

Ehkä liikun piireissä, jossa siitä puhutaan tarvittaessa melko avoimesti ja samalla maltillisesti ja kunnioittavasti.

Papeille se on ehkä luontevampaa kuin monille muille. Kyllä ihmisillä on kuoleman pelkoa. Se voi johtua omasta elämättömästä elämästä, masennuksesta tai vain siitä, että ei ole oikein kunnolla käsitellyt suhdettaan kuolemaan.

Mitä teet, kun maailma on kylmä ja olet yksin?

Maailma on kylmä, epäilemättä. Yksinäisyyttäkin on paljon ja itsekin koen usein eksistentiaalista yksinäisyyttä, jolloin ajattelen, ettei kukaan lopulta ymmärrä minua. Silloin menen luontoon, luen tai teen jotain muuta mieluista. Ja otan yhteyttä johonkuhun, jonka kanssa on mukava jutella. Ihmissuhteet ovat minulle tosi tärkeitä ja energisoivia. Jonkin verran harrastan sitä, että esimerkiksi kävelylenkeillä juttelen yksinäisten näköisten vanhusten kanssa. Kuuntelen ihmisen tarinoita. Se antaa itsellekin voimaa.

Eläkkeelle jäämisen tienhaarassa

Jokainen eläkeaika on ainutlaatuinen. Tällä kurssilla tarjoamme tukea omanlaisen eläkepolun luomiseen. Mahdollisuuksia esimerkiksi vapaaehtoistyössä on todella monia, sillä esimerkiksi yhdistyksissä ja järjestöissä on monipuolista toimintaa, joihin tarttua ja mennä mukaan.

Senioriliiton Rohkeasti senioriksi -kurssiesitteestä

90-vuotias eläkeläinen, ylikonemestari Jorma J. Kataja kirjassaan Terveisiä menneestä elämästä, jota olemme eläneet jo yli 70 vuotta kuvaa eläkkeelle jäämistä näin:

Eläkkeelle jääminen oli kuin olisi tullut tienhaaraan, jossa ei ollut mitään viittoja siitä, mihin nyt pitäisi mennä tai mitä missäkin odotti. Oli vain rohkeasti lähdettävä johonkin. Mutta ensin oli selattava omat mieltymykset ja taipumukset, löytyisikö

niistä jokin vinkki. Sitten oli vain rohkeasti lähdettävä toteut-
tamaan valittua linjaa tai harrastusta, johon oli aiemmin
mieltynyt. Kun se oli selvinnyt, sitten sitä vain oli rohkeasti
toteutettava. Olinhan jo selvinnyt raskaasta työelämästäkin,
joten kyllä tämäkin tulee onnistumaan ja niinpä onnistuikin.

Minulla on ohjeena aina ollut, että on otettava jokin päämäärä
ja ponnisteltava sitä kohti kaikin voimin. Ei pidä masentua
vastoinkäymisistä, vaan on yritettävä ottaa niistä oppia, ettei
tulisi tehdyksi samoja virheitä uudestaan. Jos olet hyvä kuun-
telemaan ystäviesi tarinoita, löydät varmasti joistakin niistä
hyviä vinkkejä heidän elämänsä kokemuksista.

Eläkkeellä olemisesta on ainakin yksi etu: jos sinulla on vielä
aivokapasiteettia jäljellä, voit käyttää sitä omaksi iloksi ja hyö-
dyksi. Ja siitä saa suuren tyydytyksen, kun pystyy vielä tällä
iällä luomaan jotain hyödyllistä.

Löysin tietoa Kansallisen senioriliiton Rohkeasti seniori-hank-
keesta, jossa kannustetaan ikääntyneitä aktiiviseen kansalai-
suuteen ja osallistumaan senioritoimintaan. Hankkeen tavoitteet
olivat hyviä ja varmaan tarpeellisia:

- Edistää senioreiden terveyttä
- Lisätä yhteisöllisyyttä ja osallistumista

- Kannustaa uusia eläkeläisiä mukaan senioritoimintaan

- Ehkäistä ikääntyvien syrjäytymistä

- Vähentää senioreiden yksinäisyyttä

- Lisätä vertaistuen antamista ja auttamista

- Ehkäistä sosiaalisia ongelmia

Tällaisia hankkeita valmennuksineen on siis olemassa eri tahojen toteuttamina. Se, miten eläköityvä henkilö löytää ne tai rohkaistuu lähtemään mukaan, on iso kysymysmerkki. Olen ollut eläkeiässä jo kymmenisen vuotta, mutta vasta tätä kirjaa kirjoittaessani, näitä tiedonmuruja on alkanut löytää sosiaalisen median kautta luokseni. Todennäköisesti tekoälyllä on jotain tekemistä asian kanssa. Se on havainnut, että aihe kiinnostaa minua ja heittää uusia linkkejä tietokoneeni ruudulle. Jälleen mietin niitä ikätovereitani, jotka eivät halua olla mukana sosiaalisessa mediassa. Sattumako heille korjaa satoa?

Sisäisen ergonomian lähettiläs

Ystäväni Kirsti Niskala täytti hiljattain 70 vuotta. Vain muutama vuosi sitten hänet valittiin vuoden fysioterapeutiksi ja vähän myöhemmin hän sai Suomen Fysioterapeuttien kultaisen ansiomerkin. Eläkeikä ei suinkaan ole saanut Kirstiä jättämään tärkeää työtään, sillä osaavalle tehtävää kyllä riittää. Kirstillä on paljon annettavaa työssään uupuneille, stressaantuneille ja vanhuksillekin. Hän puhuu sisäisestä ergonomiasta. Kirsti haluaa auttaa ihmisiä kuuntelemaan omaa kehoaan ja kulkea asiakkaittensa rinnalla tukien ja ohjaten, tarjota rentoutusta väsyneille ja uupuneille.

Taustakoulutukseltaan Kirsti on työfysioterapeutti, mutta hän on opiskellut myös NLP Traineriksi ja BBAT (Basic Body Awareness terapia) -terapeutiksi, jota hän opettaa fysioterapeuteille. Hän näkee työssään, miten kiire ja stressi tulevat esiin kehossa, sillä keho ja mieli toimivat yhdessä. Kirstin viesti ihmisille on kuunnella kehoa ja kohdella sitä kunnioittavasti, että kipu pysyisi poissa.

Yksilökohtaamisissa työikäisten kanssa hän kohtaa asiakkaita, joilla on nukahtamisvaikeuksia, unihäiriöitä, levottomia jalkoja, tinnitusta ja sellaista uupumusta, ettei enää jaksa liikkua. Hän opastaa heitä kuuntelemaan kehoaan ja sanoittamaan sen, mistä paha olo tulee.

Vanhuksille olisi hyödyllistä pysähtyä kuuntelemaan, mitä omassa kehossa tapahtuu, opetella vapauttamaan hengitys ja olemaan tietoisesti läsnä pienissä arjen askareissakin. Kun kuuntelee kehoaan oppii syömään ja juomaan itselle sopivalla tavalla ja löytämään mukavia liikuntalajeja. Jopa sillä, miten laskeutuu alustalle käydessään nukkumaan, on merkitystä hyvän unen kannalta.

Kirstin mielestä niiden, jotka ovat vielä työelämässä, kannattaisi miettiä, miten työtään voisi tuunata niin, että se tuntuisi merkitykselliseltä. Ikäihmisille voisi olla omia rituaaleja, myös irtipäästämiseen. Kirstin reseptipankista löytyy paljon hyviä ohjeita, vaikkapa sisäinen hymy ja keskittyminen siihen hyvään, mitä on.

Työtä ikäystävällisen yhteiskunnan puolesta

Kun nyt jäät lepäämään, sanottiin Arja Jämsénille läksiäispuheessa, kun hän 65-vuotiaana jäi eläkkeelle sosiaalialan osaamiskeskuksen koulutustehtävistä. Näin varmaan toivotetaan monelle muullekin eläköityvälle. Mutta mitä jos eläköityvä asiantuntija ei olekaan väsynyt, vaan haluaa edelleen toimia aktiivisesti itselleen merkityksellisten asioiden hyväksi? Arja Jämsén jatkaa kirjoitustyötä ja toimii paikallislehden kolumnistina. Pian eläkkeelle jäämisen jälkeen hän osallistui alan mielenkiintoiseen seminaariin. Jälleen hämmästeltiin "vieläkö nämä asiat sinua kiinnostavat" ymmärtämättä, että juuri eläköityessä nämä asiat tulevat itselle entistä ajankohtaisemmiksi. Nyt Arja Jämsén on mukana ideoimassa uudessa kehittämishankkeessa, jonka aiheina ovat ikääntyneiden asuminen, palvelut, työelämä ja ikä- ja muistiystävällinen yhteiskunta.

On hassua, että ympäristön oletukset ja kommentit nostavat pintaan jopa häpeää, jos haluaa virallisen työuran jälkeen vielä olla mukana itselleen merkityksellisten asioiden kehittämisessä. On kuitenkin rohkaisevaa, että Arja Jämsén ja muut Haamueläkeläiset jatkavat sinnikkäästi siellä, missä heidän osaamiselleen ja näkemyksilleen on vielä selkeä tilaus. Virkeät, aktiiviset, omien alojensa osaajat muuttavat vanhoja malleja siitä, millaista elämää eläkkeellä sopii viettää. Koska elämme pidempään ja olemme terveempiä kuin edelliset ikäpolvet, on hyvä, että yhteiskunta antaa meille mahdollisuuksia joustavampiin valintoihin. Näin Merete Mazzarella kirjoitti kirjassaan, jossa hän pohti uutta rooliaan eläkeläisenä:

On yrittäjiä, ammatinharjoittajia ja eritoten tutkijoita ja taitei-lijoita, joille työelämä on aina ollut todellista elämää ja joille on tuskin tullut mieleenkään erottaa työtä ja vapaa-aikaa toi-sistaan. He tuskin tietävät, mitä vapaa-aika on, koska he ovat saaneet virikkeensä ja toteuttaneet itseään nimenomaa työn kautta. Tämä ihmisryhmä rakastaa työtään, ja työsuhteessa olevat ovat tarttuneet poliitikkojen ja elinkeinoelämän vaati-muksiin eläkeiän korottamisesta intoa puhkuen: he haluavat jatkaa työelämässä seitsemänkymppisiksi, seitsemänkymmen-täviisivuotiaiksi, eivät lähde kuin kantamalla.

Palvelukseen halutaan ikäihmisiä

Parikka murskaa illuusion siitä, että suurin syy eläkeläisten työntekoon olisi raha. Myös Parikan tekemissä työhaastatteluissa tulee esiin, että senioreiden suurimpana motivaattorina työntekoon ovat oman arjen piristäminen, toisten auttaminen ja sosiaalinen vuorovaikutus.

MTV-uutiset 31.10.2021

Kun Esa Parikka lopetti uransa yritysvalmentajana ja alkoi tutkia hakukoneelta, millaista työtä löytyisi 70-vuotiaalle, puhelinmyynti oli ainoa, mitä oli tarjolla. Monien muiden juuri eläköityneiden tavoin, hän ei osannut olla eläkkeellä. Hän halusi vielä hyödyntää osaamistaan ja kokemuksiaan, eikä puhelinmyynti kiinnostanut häntä. Sattumalta hän löysi ruotsalaisen ViiskytViisPlus-franchising-yrityksen, joka ilmoitti tavoitteestaan laajentua Suomeen. Esa otti yhteyttä yrityksen maajohtajaan ja kiinnostui konseptista, joka auttaa yli 55-vuotiaita työntekijöitä ja asiakkaita kohtaamaan toisensa. Esa perusti osaavan kaverinsa kanssa Lahteen ensimmäisen ViiskytViisPlus-yrityksen. Nyt yrittäjiä on jo kahdeksan ja se on nopeasti kasvava franchising-ketju Suomessa. Esa kertoo kuulevansa yrityksen työhaastatteluissa koko ajan samanlaisen tarinan kuin hänen omansa. Ikääntyvien työntekijöiden taitoja ei haluta hyödyntää. Yli 55-vuotiaat laitetaan sivuun. Kuitenkin on paljon 60–70-vuotiaita, joilla on edelleen hinku tehdä töitä. Osaamista ja kokemuksia on monenlaisia. Omakotitalo on ehkä vaihdettu kerrostaloasumiseen, lapset ovat lähteneet ja on jäänyt kaipaus entisiin omakotitalon ja pihan askareisiin. On halu auttaa muita ihmisiä. Pääasiallinen motiivi ei eläkeläisellä välttämättä ole raha. Työtä halutaan tehdä joustavasti omien aikataulujen mukaan. Ehkä vain muutama tunti viikossa.

Kun Esan yritys oli viiden kuukauden ajan suunnannut markkinoinnin lähinnä yksityisille, hän oli jo saanut palautetta onnellisilta työntekijöiltä ja asiakkailta, jotka ilostuivat siitä, että ikkunanpesijällä tai pihatöiden tekijällä oli aikaa myös jutella leppoisasti asiakkaan kanssa. Järjestöjä ja hoivapuolen yrityksiä on liittynyt yhteistyöhön niin, että he löytävät asiakkaalle kodin sisä- tai ulkopuolella tapahtuviin tehtäviin apua ViiskytViisPlus-yrityksen kautta. Luvanvaraista hoivatyötä yritys ei tarjoa, mutta seuranpitoa on kyllä saatavilla.

Vanhusten yksinäisyys tuntuu olevan yleistä. Voi olla, että lapset tai lapsenlapset eivät käy kovin usein ja hoivahenkilökunnalla tuntuu aina olevan kiire seuraavaan paikkaan. Työelämässä kiireisinä ahertavat lapset saattavat myös tilata apua vanhemmilleen, kun eivät itse kerkiä.

Seuraavaksi ViiskytViisPlus Lahti aikoo panostaa yritysasiakkaisiin, sillä ikääntyvien joukossa on myös yritysten tarpeisiin sopivaa ammatillista osaamista insinööreistä taloushallinnon ammattilaisiin. Seniorityöntekijälle toiminta on riskitöntä, sillä työsopimus on voimassa toistaiseksi ja työntekijä on vakuutettu. Työtä voi tehdä joustavasti omaa työaikaansa halliten.

Ruotsissa on jo todettu, että ihmisten eliniän kasvaessa kiinnostus eläkkeellä työskentelyyn on lisääntynyt. Eläkkeellä saattaa vapautua uutta luovuutta, kun on vapaus tehdä, mitä haluaa. Esa Parikka näkee, että ViiskytViisPlus-konsepti tarjoaa hyviä mahdollisuuksia verkostoitua erilaisten osaajien kanssa ja lisätä toimeentuloa ja iloa elämään. Esa, joka on toiminut yrittäjänä koko elämänsä, toivoo, että voisi jatkaa tätäkin yrittäjäuraa vielä parikymmentä vuotta.

Lukijan pohdintaan

- Pelottaako vanheneminen sinua? Miksi?

- Oletko mielestäsi vanha?

- Mistä tietäisit tulleesi vanhaksi?

- Millainen vanhus haluaisit olla?

- Mistä aikaansaannoksistasi olet iloinnut eniten?

- Haluaisitko kumota joitain ikääntymiseen liittyviä uskomuksia?

- Jos elämä olisi koulu, mitkä kolme tärkeää taitoa haluaisit vielä sen aikana oppia?

- Onko tärkeysjärjestys elämässäsi muuttunut eläköitymisen myötä tai miten kuvittelet sen muuttuvan, kun jäät eläkkeelle?

- Haluaisitko jatkaa itsellesi tärkeää työtä? Miten?

Osa 2

Tulevaisuusunelmia

Avarra sydämesi niin, että maailma mahtuu siihen. Matka itseen on elämän mittainen.

Maria Alstedt

Kyselin ystäviltäni, mitkä kolme taitoa he haluaisivat säilyttää elämänsä loppuun saakka. Aika monen listalta löytyi uteliaisuus ja rohkeus. Huumorintaju, mielikuvitus ja kyky iloita pienistäkin asioista olivat myös suosittuja. Omalla listallani on taito löytää seikkailun aineksia arjesta, uteliaisuus uudelle ja usko utopiaan. Ystäväni listalta voisin napata myös hulvattoman hulluuden ja taidon elää läsnä hetkessä. Viimeksi mainittu on suurin haasteeni, sillä lipsahdan helposti asioiden edelle tai moneen maailmaan yhtä aikaa. Kuitenkin intuitio, herkkyys mahdollisuuksille ja oleelliset valinnat asuvat kaikki tässä hetkessä.

Se, että olemme yhä toimintakykyisempiä jäädessämme eläkkeelle, tarkoittaa, että meillä on vielä paljon toteuttamatonta potentiaalia ja entistä suurempi vapaus suunnata se sellaisiin asioihin, joita pidämme tärkeinä. Joillekin se tarkoittaa uuden oppimista, toisille pitkäaikaisen unelman toteuttamista. Rakas harrastus vetää jotkut puoleensa, toiset antautuvat vapaaehtoistyöhön. Kun meillä on enemmän aikaa tutustua itseemme ja etsiä vastausta kysymykseen, kuka minä olen uudessa elämänvaiheessani, voimme myös venyttää aiempia rajojamme. Jos olemme rehellisiä itsellemme, voimme löytää sisältämme jotain yllättävää.

Ehkä uskallamme olla rohkeampia omissa valinnoissamme. Kuulin pari päivää sitten taksinkuljettajasta, joka muutti luomuviljelijäksi maalle ja alkoi kirjoittaa runoja. Historiasta löytyy runsaasti tarinoita siitä, kuinka suuri taiteilija on vasta iäkkäänä aloittanut luovan työnsä. Jos sisälläni uinuu ikuinen maailmanparantaja, se saattaa löytää täysin uusia tapoja ja verkostoja toteuttaakseen itseään. Iän tarjotessa perspektiiviä, näennäisesti toisiinsa liittymättömät elämänkokemukset voivatkin kirkastua selkeänä polkuna johonkin tulevaan, johon tarvitsemme kaikkea tuota oppimaamme. Meillä on käytettävissämme täysin oma osaamispääoma, joka vain odottaa väylää toteuttaa itseään. Jokaisella on oma tarinansa. Niin kauan kuin meillä on elämänvoimaa jäljellä, olemme mukana tekemässä tulevaisuutta.

Elämän suurin projekti

Kun Seija Kurunmäki alkoi lähestyä eläkeikää, hän pysähtyi miettimään, mihin suunnata voimavaransa eläkkeelle jäätyään. Hän oli samoihin aikoihin saanut kaksi lastenlasta ja vastaus siihen, mikä on tärkeintä löytyi helposti: hän halusi antaa vahvan panostuksensa lastenlasten tulevaisuuteen.

Kurunmäki on huolissaan lasten ilmastoahdistuksesta. Hän on toiminut palkittuna ruoka-alan vaikuttajana erikoisalanaan kestävä kehitys. Kuitenkin hänestä tuntui hassulta keskittyä ratkomaan vain ruoan ja uhanalaisen ruokajärjestelmämme haasteita, kun ratkaistavana on aikamme suurin ongelma, ilmastonmuutos. Hän haluaa monipuolistaa keskustelua ja lisätä päättäjien ja aikuisten todellisia tekoja. Vahva viestintäosaaminen on Kurunmäen työelämätaitoja. Nyt hänelle oli eläköitymisen myötä avautumassa enemmän aikaa tehdä itselle tärkeitä asioita hyödyntäen osaamistaan. Hän keräsi kokoon ryhmän vahvoja, moniammatillisia osaajia ja perusti Aktivistimummot liikkeen. Mummojen manifesti on: Mummot hillitsemään ilmastonmuutosta ja tuomaan tulevaisuuteen toivoa!

Valjastamalla mummojen verkostot, iän tuoman maltin ja elämänviisauden, Kurunmäki näkee valtavat mahdollisuudet vaikuttaa sellaisin tavoin, joita muut eivät tee. Aktivistimummojen tavoitteena on mennä riittävän isolla ja näkyvällä voimalla myös eduskuntaan vaatimaan päättäjiltä nopeampia toimenpiteitä. Toisin kuin monet yli kuusikymmenvuotiaat, Seija Kurunmäki on aktiivinen vaikuttajien verkostossa, Twitterissä. Taitavalla viestinnällä se saavuttaa päättäjät. Myös maan tärkeimmät julkaisukanavat nappasivat saman tien Aktivistimummot otsikoihinsa. Ja Aktivistimummojen Facebook-ryhmä kasvoi nopeasti tuhansiin isovanhempiin, kummeihin ja muihin aktiivisiin aikuisiin.

Mummous merkitsee turvaa. Mummojen tehtävänä on aina ollut tarjota lapsille lämmin syli. Nyt mummot ovat ottaneet tehtäväkseen tuoda toivoa lastenlasten ja seuraavien sukupolvien tulevaisuuteen. Kurunmäki, joka on tehnyt kovalla puristuksella isoja työelämäprojekteja ymmärtää, ettei hän voi tässä maailman suurimman ongelman projektissa tehdä kaikkea. Hän haluaa hahmottaa kokonaisuuden ja kokee harjoitelleensa 62 vuotta tätä projektia varten. Oppimisprosessiin liittyy sen ymmärtäminen, mikä on itselle mahdollista. Kurunmäki uskoo, että hän tulee vielä joskus olemaan ylpeä niistä hedelmistä, mitä tästä elämänpituisesta projektista on mahdollista poimia. Ikääntymisessä hän pelkää eniten näkymättömäksi tulemista. Hän haluaa tulla huomatuksi ja tosissaan otetuksi. Ainakaan aktiivisen mummoutensa alkutaipaleella näkymättömäksi jäämisen vaara ei vaikuta kovin todelliselta.

Mummojen työkalupakki

- Elämänkokemus ja viisaus. Menneestä voi oppia, eikä viisaus käyttämällä lopu.

- Kohtuuden ylistys ja yhteistyö. Rakennamme yhdessä yhteiskuntaa, jossa kohtuus säätelee elämänlaatua ja empatia on perusarvo.

- Murehtiminen korvataan teoilla. Ratkaistaan pulmat yhdessä, joskus nopeasti, joskus ajan kanssa.

- Vastuu. Aikuisilla on aikuisten vastuu, lapsilla lasten. Ei siirretä omaa vastuuta tuleville aikuisille.

- Mummojen verkostot ja rihmastot. Kutsutaan ystävät, sukulaiset, tutut ja tuntemattomat torjumaan ilmastonmuutosta kaikkien iloksi ja tulevien sukupolvien hyväksi.

Eläkeläisten ääni mukaan kuntakehittämiseen

Tapasin Leena Peltosaaren järvenpääläisessä eläkeläisten toiminta- ja virkistyskeskuksessa, jossa hän toimii eläkeläisneuvoston puheenjohtajana. Kaupunki on saanut tilat lahjoituksena säätiöltä, joka on määritellyt tilojen käytön ikääntyneille ja vammaisille. Eläkeläisyhdistykset saavat käyttää tiloja maksutta. Kaupunki tukee eläkeläisyhdistysten toimintaa 450 eurolla per henkilö. Toimintakeskuksessa on edulliset lounaat viisi kertaa viikossa. Lisäksi järjestetään iltatilaisuuksia ja monenmoista kerhotoimintaa. Ikääntyvien viikoilla on kattava ohjelma.

Toimintakeskuksen viereen on rakenteilla hyvinvointikeskus, joka on kaupungin ja yritysten yhteinen hanke. Siihen on tulossa iso palvelutalo, Diakonissalaitoksen palveluita, kerhotilat, ympärivuorokautinen päiväkoti ja ensisijaisesti ikääntyville tarkoitettuja asuntoja. Nuorten voi olla vaikea ymmärtää, millaisia asuntoja ikäihminen kaipaa. Niinpä eläkeneuvosto osallistuu kaupungin omistaman Mestariasuntojen kanssa vuokraasuntojen etsintään ja suunnitteluun.

Leena kertoo olleensa aktiivinen asioiden ajaja koko ikänsä. Hän on ollut 30 vuotta töissä kaupungilla, toiminut kotitalousopiston rehtorina, ollut kaupunginvaltuuston jäsen 12 vuotta, toiminut tulevaisuusvaliokunnassa. Hän tuntee laajalti virkamiehet. Hän kuvailee saaneensa ennen eläköitymistään herkkuhomman Laureasta sidosryhmän johtajana. Hän kävi silloin lähikunnat läpi etsien herätteitä siitä, millainen on Laurean rooli tulevaisuudessa.

Leenaa pyydettiin Eläkeneuvoston puheenjohtajaksi. Neuvoston toiminta on kaupungin hallituksen alaista ja neuvosto nimetään kahden vuoden välein. Eläkeläisneuvostossa hän ajaa ikääntyvien etuja. Siinä riittää tekemistä. Neuvoston rooli voi olla lausuntojen antaminen tai aloitteiden tekeminen tai vaikkapa seminaarien järjestäminen. Kaupungin toimihenkilöt ovat mukana, kun rakennetaan esimerkiksi asumisen seminaaria.

Leena ajoi eläkeneuvostolle läsnäolo- ja puheoikeutta kaupungin lautakunnissa. Järvenpäässä tämä ei onnistunut, mutta ympäristökunnissa se hyväksyttiin. Näin eläkeläisillä on välittömät vaikuttamismahdollisuudet. Toimintamuotoja on erilaisia. Eläkeneuvosto on mukana hyvinvointilautakunnassa ja kaupungin kehityslautakunnassa. Näin voidaan puuttua käytäntöihin kehittämisyhteisössä tai rakentaa yhdessä yrittäjien kanssa hyvinvointisuunnitelmaa. Eläkeneuvosto on ideoinut asiantuntijapulaan yrittäjille huippuosaajia eläkeläisten joukosta esim. puoleksi vuodeksi.

Myös paikallislehti on hyvä vaikuttamisen väline, sillä kaikilla eläkeläisillä ei ole sähköpostia. Leena tekee Keski-Uusimaalle lehtijuttuja ikäihmisten asioista. Leenaa motivoi se, että hän voi vaikuttaa siihen, miten ikäihmisiä kohdellaan. Hän on aina ollut yhdessä porukoiden kanssa ja hyödyntää myös luontaisia taitojaan, uteliaisuutta ja kirjoittamisen taitoa.

Tulevaisuudelta Leena toivoo, ettei lasten tarvitsisi pelätä ja ihmiset voisivat elää luottavaisina tavallista hyvää elämää. Että olisi välittäviä yhteisöjä. Kauhuskenaariot vanhusten hoidosta aiheuttavat pelkoa ja itsestään huolta pitämisen tärkeys korostuu. Heti eläkkeelle jäädessä pitäisi olla tarjolla edullisia liikuntamahdollisuuksia. Rahan puute ei saisi olla este liikkumiselle. Pitäisi olla enemmän liikuntapiirejä. Yhdistysten kerhojen pitäisi vetää eläkeläiset mukaan yhteisöön.

Etsivälle vanhustyölle on tarvetta. Leena kertoo leskeksi jääneille miehille kohdistetusta Äijävirtaa leskille -kerhosta, joka järjestää mm. ruokakursseja. Ruoan valmistuksen lisäksi syödään yhdessä ja keskustellaan. Järvenpäässä järjestettiin myös surun kanssa sinuiksi luento osana ikääntyvien viikon ohjelmaa.

Arvokas ikä -hankkeeseen houkutellaan lähettämällä postikortti. Rohkeasti seniori -hanke on suunnattu juuri eläkkeelle jääneille. Leena näkee tilausta jonkinlaisille saattaen eläkkeelle -ohjelmille. Ihmiset eivät sovi samaan muottiin ikääntyessäänkään, hän toteaa. Kun kysyn häneltä ohjeita vanhenemiseen, hän luettelee: säilytä elämännälkä ja ilo, pidä huoli ystävyyssuhteista ja rakkaudesta sen eri muodoissa.

Maahanmuuttajaystäviä ja uuden oppimista

Järvenpääläinen Päivi Turtia nauttii siitä, että eläkeläisenä hän saa herätä aamuisin niin hitaasti kuin haluaa. Hän on aina tarvinnut paljon unta, eikä tarve ole iän myötä vähentynyt. Viisikymmenvuotiaana hän alkoi pelätä oman jaksamisensa puolesta yrittäjänä. Sitten hän sai ystävän kautta vihjeen itselleen sopivasta työpaikasta isossa lehtitalossa, haki sitä ja sai sen. Reilut seitsemän vuotta sujuivat saman työnantajan palveluksessa, kunnes hän jäi työttömäksi isojen YT-neuvottelujen myötä. Saman tien löytyi kuitenkin uusi työ kolmeksi vuodeksi entisen asiakkaan palveluksessa. Jäätyään eläkeputkeen Päivi käytti ensimmäisen talven omaan kuntoutukseensa. Sen jälkeen hän halusi tehdä jotain hyödyllistä niillä taidoilla, joita hänellä on.

Paikkakunnan lehdestä löytyi suomen kielen kerho maahanmuuttajille. Enemmän kuin kielen opetuksesta, kyse oli yhdessä lukemisesta ja suomen kielen harjoittelusta arkitilanteissa. Päivi lähti mukaan toimintaan. Pikkuhiljaa hänelle alkoi selvitä, mitkä asiat kielessämme tuottavat hankaluuksia ulkomaalaisille. Oivallusten myötä Päivi alkoi kehittää omia tapoja selittää vaikeita asioita ja opettaa kieltä. Myöhemmin hän jatkoi joidenkin ryhmien kanssa kieliopintoja myös kotonaan.

Päivi on aina nauttinut matkustamisesta. Nyt hän ilahtui siitä, että maailma tulikin auttamistyön myötä hänen luokseen. Oppilaat kertoivat tarinoita elämästä kotimaissaan ja Päivi oppi asioita, joista ei ennen ollut kuullutkaan. Monista Päivin oppilaista tuli myös hänen kavereitaan. Vuonna 2014 hänestä tuli kongolaisen pakolaisperheen kummi. Nelilapsinen perhe puhui vain swahilia ja isä onneksi vähän ranskaa. Vanhin poika osasi vähän englantia. Päivi neuvoi perheen kotona heitä käyttämään sähköuunia ja pakastinta, jotka olivat heille täysin outoja. Kaupassa käytiin yhdessä, sillä perheen ruokakulttuuri poikkesi täysin meidän tavoistamme. Pullonpalautusautomaatti tuotti suurta ihmetystä. Eksoottisten hedelmien löytäminen oli riemullista, mutta niiden kallis hinta antoi käytännön oppiläksyn rahan käytöstä. Erilaiset ruokakulttuurit kohtasivat, kun nepalilaiset sosionomiopiskelijat ja thaimaalainen kotirouva kokkailivat yhdessä Päivin kotona. Päivi tutustui ja ihastui nepalilaiseen ruokaan. Nepalilaispojat suunnittelivat ruokalistan toukokuiseen ravintolapäivään ja thaimaalaisrouva toimi apulaisena, kun yli kuusikymmentä asiakasta kävi Päivin kotona herkuttelemassa kuuden eri kattauksen aikana. Tämä ylitti kaikki odotukset ja seuraavalla kerralla ravintolapäivätempaus toteutettiin isossa teltassa opiskelija-asuntojen pihalla. Kävijämäärä tuplaantui ja tuotto käytettiin hyväntekeväisyyteen. Nepalissa oli tuhoisa maanjäristys vuonna 2015 ja nuoret saivat ravintolapäivän avulla kerättyä 2500 euroa uhrien auttamiseksi. Kävijöitä Järvenpään kävelykadulla oli jo pari sataa ja ruoka loppui kesken.

Päivi iloitsee näiden nuorten aktiivisista hankkeista. Koska he eivät saaneet alan töitä, toinen heistä perusti oman siivousfirman. Tässäkin Päivin apu oli tarpeen. Nuorilla on myös haave oikeasta ravintolasta. Kokki, grilli, telttakatos ja pöydät ovat jo olemassa ja pop-up-ravintola on toiminut myös muualla kuin Järvenpäässä. Päivi on jäänyt pikkuhiljaa taustalle ja auttaa tarvittaessa vain tiedottamisessa ja markkinoinnissa sekä vaikeiden virallisten asioiden hoidossa. Päivi "suorittaa" myös iltalukion kursseja yhdessä guinealaispojan kanssa. Vaikka poika on oppinut hyvin suomen kielen, lukion tehtävät tuottavat kuitenkin vaikeuksia. Niinpä Päivi yrittää selvittää yhteyttämistä, uusiutumattomia energianlähteitä tai muita yhtä hankalia asioita.

Koulunkäynti poikkeaa paljon siitä, mitä se oli Päivin omina lukioaikoina ja hän innostuu googlettamaan asioita oppiakseen selittämään niitä oppilaalleen. Kun asioita joutuu miettimään eri kannoilta, oma mieli ja aivotkin pysyvät kunnossa. Auttamistyöhön liittyy omat vaaransa. Kun avuntarvitsijoita on paljon, Päiviltä kysytään apua usein ja on vaikea kieltäytyä. Siinä vaiheessa, kun joka ilta alkoi olla ohjelmoitu, hän opetteli sanomaan myös ei. Kaikki auttaminen ei myöskään voi perustua vapaaehtoistyölle. Vanhaksi Päivi ei itseään koe, mutta palautumisaikaa hän tarvitsee aiempaa enemmän. Hän toivoo säilyttävänsä uteliaisuutensa ja innostuksensa elämänsä loppuun asti. Vanhuus astuu kuvioon vasta sitten, jos ei enää halua oppia uusia asioita. Tärkeää olisi, että säilyisi järki päässä siinä, mitä tekee.

Unelmana tulla tietäjävanhukseksi

Paavo Joensalon koko elämä on ollut hänelle tarjoutuneisiin tilanteisiin tarttumista. Hän on pienestä pitäen odottanut jotain kivaa kohta tapahtuvaksi. Ehkä se onkin se salaisuus, miksi erilaiset mahdollisuudet hakeutuvat hänen polulleen. Sen jälkeen, kun hän oikeasti malttoi jäädä eläkkeelle, hän on käsikirjoittanut, säveltänyt, tuottanut, ohjannut, lavastanut, näytellyt, laulanut ja perustanut Eettisesti Innovatiiviset Kulttuurin Uudistajat EIKU ry:n. Hänellä on aina jotain meneillään. Omien sanojensa mukaan hän on kuin uuni, joka syttyy täyteen liekkiin, kun sinne työntää vähän puita ja tuohuksia eli tavoitteita ja haasteita.

Koulutukseltaan Joensalo on arkkitehti, mutta musiikki on aina ollut vahvasti läsnä hänen elämässään. Hänen esi-isänsä olivat karjalaisia runonlaulajia ja äiti lauloi liedejä. Hän vei Paavon mukanaan ortodoksisten jumalanpalvelusten kirkkokuoroon ja vekara kokeili harmonin soittoa heti, kun ylsi koskettimiin. Äiti osti pojalle pianon, kun tämä oli kymmenvuotias. Sen jälkeen Paavo opiskeli pianonsoittoa. Opiskeluaikanaan hän lauloi Polyteknikkojen kuorossa. Kun hänet houkuteltiin ensi kertaa Savonlinnan oopperajuhlille kuuntelemaan Taikahuilua, hän syttyi oopperalle. Hän pääsi Savonlinnan oopperajuhlakuoroon laulamaan yhdessä Martti Talvelan kanssa. Tähän mennessä Joensalo on säveltänyt noin 70 lied-sävellystä, lastenoopperan, pienoisoopperoita ja kirkko-oopperoita. Tekeillä on uusi Yksisarvisdinosaurus-lastenoopperan käsikirjoitus yhdessä liperiläisten koululaisten ja tyttärentyttären kanssa. Hän säveltää tietokoneohjelmalla opiskeltuaan sen käyttöä Joensuun konservatoriossa.

Iän myötä Joensalo kertoo oppineensa paljon ja monenmoista. Isona hän haluaisi tulla tietäjävanhukseksi, mutta vielä 78-vuotiaana hän ei ole vetäytynyt tähän viisaiden neuvojen antajan tehtävään. On vielä monenlaista mielessä ennen sitä, hän sanoo, sillä hän on jostain omaksunut viisauden: Onnellinen elämä syntyy siitä, että on jotain tehtävää, jotain mitä odottaa ja joku, jonka kanssa sen voi jakaa, kun se odotettu asia tulee kohdalle.

Joensalon tavoite on saada aikaiseksi täysimittainen, kolmen polven kirkonrakentajista kertova ooppera vuoteen 2022 mennessä, jolloin hän täyttää 80 vuotta. Sen jälkeen hän on valmis johonkin uuteen, ehkä kirjoittamiselle tai akvarellimaalaukselle, josta hän myös pitää. Yhdessä Tiffany-taiteilijavaimonsa Marjatan kanssa Paavo on luonut lyijylasiteoksia mm. ortodoksiseen kulttuurikeskukseen ja helsinkiläiseen ravintolaan.

Joensalo puhuu mieluummin ikäihmisistä kuin vanhuksista. Ikäihminen on neutraalimpi. Hän pitää itsestään selvänä, että on olemassa näkymätön maailma ja kaikki palat loksahtelevat aikanaan paikoilleen. Hänellä ei ole mitään tarvetta todistaa sitä tai olla huolissaan tulevaisuudesta. Hän on oppinut luottamaan siihen, että alitajunta vastaa kysymyksiin, kun osaa niitä esittää. Elämä antaa sen hyvän, mitä kulloinkin tarvitsee, eikä vanhuus tässä poikkea muista elämänvaiheista. Hän ihailee sellaisia vanhuksia, jotka säteilevät rauhaa ja valoa. Heidän luonaan tulee hyvä olo., mutta valitettavasti heitä ei ole paljon.

Jotkut Joensalon vuosien urakoista ovat yllättäviä. Hän itse puhuu loppupääkirjosta. Pohjois-Karjalan yrittäjäjärjestölle hän on vetänyt useita projekteja. Hän keksi, miten pianon viritys voitaisiin hoitaa automaattisesti. Pyydettynä hän on toiminut mm. balettijuhlien käynnistäjänä, paikallisoopperan tuottajana ja kiinteistönvälitystehtävissä. Tyttärentyttären Anniinan kanssa hän toteutti 23 minuutin lyhytelokuvan. Kohta on valmistumassa hänen suunnitelmiensa mukainen Nightwish-yhtyeen tarinan kertova näyttely Kiteelle samaan tapaan kuin Ruotsissa on Abba-museo. Joensalo lupaa, että siitä tulee yhtyeen näköinen, vaikuttava ja mystinen. Joensalo on iloinnut kaikista polulleen siunaantuneista mahdollisuuksista. Kun kysyn häneltä, miten hän haluaa vaikuttaa tulevaisuuteen, hän toteaa, ettei hänen tarvitse. Tulevaisuus tulee. Koko elämä on hänestä merkityksellistä. Näkö-, kuulo- ja puhekyvyn hän haluaisi säilyvän. Iän myötä hän on oppinut huolehtimaan liikunnasta ja terveellisemmistä elämäntavoista ja iloitsemaan maamme erinomaisesta terveydenhoidosta. Vanheneminen on luonnollista. Joensalo haluaa ottaa sen vastaan miellyttävällä tavalla, rauhassa, jopa nauttien.

Liperiläinen ohjaaja, tuottaja, säveltäjä, arkkitehti Paavo Joensalo menehtyi marraskuun 2022 lopussa äkilliseen sairauskohtaukseen. Paikkakunnan Kotiseutu-uutisten haastattelussa marraskuun alussa hän mietti: Elämäntaito, ihmiskunnan kehittyminen ja karjalaisuus. Siinä on aihepiirejä, joiden ympärille uusia, tulevia kulttuurihankkeita suunnittelen. Tolpojen tarina -kirkko-ooperan kiertue toteutui kesällä 2022.

Onnen hetkiä palvelutaloissa

Vanhuus ei ole sairaus. Se ei koskaan pääty paranemiseen. Se on elämänvaihe, joka vääjäämättä päättyy aina kuolemaan. Vanhuuspalveluissa asetelma näyttää kovin samankaltaiselta kaikissa palveluissa. Hoitaja on aktiivinen toimija, joka määrää tahdin ja vanhus on passiivinen kohde, johon hoito ja palvelu kohdistuu. Asiakaslähtöisyyden ajatellaan toteutuvan, kun vanhus ottaa kaiken passiivisesti ja kiitollisuudella vastaan. Idea on avun tarpeessa ja tarpeen täyttämisessä.

Jaana Utti

Johtuen omaisten tai tuttujen ikävistä kokemuksista ja etupäässä negatiivisesta uutisoinnista koskien vanhuspalveluja useimmat meistä toivovat, etteivät koskaan joutuisi palvelutalon tai ryhmäkodin asiakkaaksi.

Kirjassaan Hyvinvointiyhteiskunnan pelastaminen – Osa 1: Vanhukset Jaana Utti kuvailee vanhuspalveluiden asiakkuuksien syntymistä surkeusindeksin perusteella.

Tehostetun palveluasumisen yksikkö on jo sanana mielenkiintoinen. Voisi luulla, että kyse ei olekaan tehostetusta asumisesta vaan tehostetusta palvelusta. Niin ei tietenkään ole. Kun ihminen saavuttaa surkeusindeksin, joka oikeuttaa hänet tehostettuun asumiseen, hän myös saa sitä. Vaikka kaikki kesät siihen asti olisi vietetty mökillä ja kaksi kertaa vuodessa käyty Espanjassa, on se tehostetun palveluasumisen yksikössä käytännössä loppu sinä päivänä, kun vanhus sinne saapuu. On varmasti olemassa vanhuksia, jotka voisivat mainiosti viettää kotonaan kesäviikot tai muuten elellä kesäasunnoillaan kuten ennenkin. Se antaisi mahdollisuuksia henkilöstön lomien järjestelyihin, intensiivijaksoihin ja moniin mielenkiintoisiin työjärjestelyihin.

Mutta niin ei voi olla. Koska sen estää lainsäädäntö, ja laskutus, ja kaikki normit ja ohjeet ja totutut tavat...

Parasta pitää vanhus huoneessa sisällä. Muutamassa viikossa asiakas on taatusti surkeusindeksinsä ansainnut. Kun on oikein tasalaatuisesti hoidettu, tasa-arvoisesti samalla tavalla kuin viereisessä huoneessa. Koska palvelu annetaan hyvin samankaltaisena kaikille, tuotantolähtöisesti, surke-usindeksi oikeuttaa pian seuraavaan tasoon – laitoshoitoon vuodeosastolle.

Monessa paikassa on vielä todellakin vuodeosastoja. Nimensä mukaan siellä hoidetaan vuoteita.

Kun pitkästä aikaa luin Jaana Utin tekstiä vuonna 2012 ilmestyneestä kirjasta, oli pakko pysähtyä tässä vaiheessa. En halua kuulla enempää. Ajatus tulevaisuudesta surkeusindekseineen on liian kammottava. Ajatus tulevaisuudesta neljän seinän sisällä ilman talvista pakoa Rivieran valoon tai vuodenaikojen kokemista luonnossa tuntuvat liian pelottavilta.

Haluan löytää parempia tarinoita. Ei kai todellisuus enää näytä Jaanan kuvaamalta? Varmasti tässä maassa on tapahtunut kehitystä. Nyt on vain löydettävä sellaisia esimerkkejä, joissa vanhus on arvostettu ihminen, ei pelkkä toimenpiteiden kohde. Ei kai ole ylivoimaista ideoida sellaisia ympäristöjä ja palvelukäytäntöjä, jotka sallivat onnellisia kohtaamisia niin vanhuksille kuin palvelutyöntekijöillekin? Eikö ammattiin hakeudu juuri sellaisia ihmisiä, jotka haluavat mahdollistaa vanhuksille hyvän elämän? Miksi he uupuvat?

Tässä vaiheessa toiveajatteluani haastattelin ensimmäisen kerran joensuulaista Teija Nuutista, joka on pitkän linjan vanhustyön

kehittäjä, opettaja ja tutkija. Hän valmistelee väitöskirjaa taitei-
lijoista iäkkäiden hoivayhteisöissä. Valitettavasti hänkään ei
maalaillut minulle kovin houkuttelevaa kuvaa hoivapalveluista,
mutta tuntui olevan kanssani löytöretkellä hyvien tarinoiden, koke-
musten ja ideoiden paljastamiseksi. Hän kuvaili hoivayhteisöjen
nykykäytäntöjä vielä tummaksi tiilimuuriksi, josta on löydettävä
niitä aukkoja, joissa voi kasvattaa kukkia. Tarvitaan vielä paljon
ilonpisaroita.

Kun Teija 37-vuotiaana tutustui yli 80-vuotiaisiin "kehonraken-
tajiin" kuntosalilla, se mullisti hänen ajattelunsa. Ennakkoluulot
karisivat aktiivisten vanhusten muistelutyön myötä. Vanhuspalvelut
ja vanhusten elämänlaatu jäivät hänen kiinnostuksensa kohteiksi
ja nyt parikymmentä vuotta myöhemmin hän ihmettelee, kuinka
vähän mikään on muuttunut vuosien varrella. Käytämme kaunista
sanahelinää, mutta käytännöt ovat usein jotain ihan muuta.
Raha ohjaa toimintaa, ei vanhusten arvostus tai yksilöllisyyden
kunnioitus ja ihmisarvoiset kohtaamiset. Näin ei kuitenkaan
tarvitsisi olla. Miksemme hyödynnä lukuisia tutkimustuloksia
vaikkapa taiteen ja kulttuurin hyvää tekevistä vaikutuksista? Kaikki
ei aina ole rahasta kiinni. Kyse on eri tavalla katsomisesta. Tätä ei
huomioida ammatillisessa koulutuksessa riittävästi. Keskitymme
enemmän tehokkuuteen ja suoritteiden kirjaamiseen kuin luoviin
työn tekemisen tapoihin. Johtamisen logiikka on sellainen, että
ideat valuvat ylhäältä alas, ei päinvastoin. Asiakkaita ei osallisteta,

eikä heidän ideoitaan kysytä. Tai jos tehdään kysely, tulokset katoavat jonnekin, ne eivät aiheuta toivottuja muutoksia. Vielä tänä päivänäkin vanhuslaitokseen joudutaan enemmän kuin päästään. Surullisen vähän on muuttunut siitä, kun Teija Noronen teki lisensiaattityönsä vuonna 2008.

Teija on äskettäin kirjoittanut artikkelin ammattipiireissä suosittuun Gerontologia-lehteen. Siinä hän kuvailee kulttuurin ja taiteen merkitystä näin:

Tutkimusta taiteen ja kulttuurin vaikutuksista ihmisten hyvinvointiin ja terveyteen tehdään runsaasti kansainvälisesti ja Suomessa. Marraskuussa 2019 julkaistu Maailman terveysjärjestöjen kooste taiteen terveys- ja hyvinvointivaikutuksista kattaa yli 900 tutkimusjulkaisua ja yli 3000 yksittäistä tutkimusta maailmanlaajuisesti. Taiteella voi olla positiivisia vaikutuksia eri-ikäisten ihmisten sairauksien ehkäisemisessä sekä terveyden ja hyvinvoinnin edistämisessä. Taide voi myös auttaa useiden sairauksien hoitamisessa ja sairauksien kanssa selviytymisessä. (Fancourt ja Finn 2019.)

Taide auttaa tutkitusti myös iäkkäitä ihmisiä. Esimerkiksi musiikki, tanssi tai kulttuuritoimintaan osallistuminen voivat vahvistaa itsetuntoa ja ehkäistä ahdistuneisuutta ja masennusta (mm. Fancourt ym. 2018). Musiikki voi tukea

muistisairaan kognitioita, sanallista ilmaisua ja omaelämän-
kerrallista muistia (mm. Jakobsen ym. 2015). Sen on havaittu
myös lisäävän turvallisuuden ja kuuluvuuden tunnetta sekä
hoitajien ja muistisairaiden välistä vuorovaikutusta (Curtis
ym. 2018).

Ensimmäinen reaktioni on, että hieno juttu. Miten tätä on hyö-
dynnetty Suomessa? Suomessa ei vielä löydy tutkimusta aiheesta
taiteilijan suulla kerrottuna. Valitettavan usein taiteilijat meillä
joutuvat kerjäämään lupaa saada tulla esiintymään vanhuksille –
ilmaiseksi. Rahoituksen he yrittävät saada hankittua itse. Kulttuuri-
ja taideyhteistyötä ei osata hyödyntää. Sen merkitys pitäisi saada
mukaan jo alan koulutukseen, sanoo Teija Nuutinen. Jossain on
kokeiltu taiteilijan ja hoitohenkilön työskentelyä työpareina. Kun
työparilla onkin ollut enemmän aikaa vanhuksen kohtaamiseen
ja nauru on raikunut, on työkavereilta tullut palautetta siitä, että
toisilla on vain hauskaa ja muut saavat tehdä oikeat työt.

Erityisesti iäkkäiden hoivayhteisöissä ammattitaiteilijat
näyttäytyvät erilaisten työkäytäntöjen uudistajina. Voidaan puhua
muutostoimijuudesta, joka ilmenee esimerkiksi työtapojen kyseen-
alaistamisena ja problematisointina sekä työkäytäntöihin liittyvien
uusien ideoiden ja käytännöllisten ehdotusten tekemisenä (Collin
ym. 2015; Harteis ja Goller 2014). Ammattitaiteilijoiden toimijuus
ilmenee esimerkiksi uudenlaisten, luovien ideoiden ja kokeilujen

tekemisenä ja toimintakulttuurien ja -ympäristöjen kehittämisenä luovuutta tukeviksi. He myös muuttavat ja uudistavat yhteisöjen ja organisaatioiden työkäytäntöjä.

Joissain toisen asteen ammattioppilaitoksissa on johtamisen opinnoissa yhdistetty sote- ja kulttuurialan opiskelijoita, jolloin on mahdollista synnyttää luovia, uudenlaisia ideoita. Jotenkin on instituutioiden muuriin kaivettava ne reiät, joihin saisi jalansijan. Taiteilijat tulisivat ja katsoisivat käytäntöjä ulkopuolisen silmin eri tavalla. Saisivat äänensä kuuluville ja heidän luovia, uudenlaisia kokemuksiaan arvostettaisiin. Vain harvassa paikassa taiteilija työskentelee osana henkilökuntaa. Esimerkkinä on tanssikummitoiminta.

Lehikoinen (2019) havainnoi iäkkäiden hoivayhteisöissä ja asumispalveluissa työskennellyttä Tanssikummi-taiteilijaa ja hänen ammattitaitoonsa liittyviä tekijöitä. Hoivahenkilöstön tavoin taiteilijan toiminta oli integroitu yksityiskodeissa ja hoivakodeissa asuvien ikäihmisten ja heidän lähiyhteisöjensä arkeen pitkäjänteisesti. Taidetoiminta edellytti taiteilijalta herkkää tilannetajua, nopeaa reagointia ja improvisaatiotaitoja. Toimintaa mukautettiin joustavasti iäkkään kulloisetkin tarpeet huomioiden ja muuttaen arkipäiväisiä tilanteita taidehetkiksi. Taiteilijan kehollisuus ja eri aistikanavien, kuten kuulon, visuaalisen, kinesteettisen ja affektiivisen informaation hyödyntäminen auttoi taiteilijaa samaistumaan ikäihmisen tunteisiin ja toimintaan empaattisesti. Tärkeä osa ammattitaitoa oli myös taiteen eri tekniikoiden kuten musiikin, valokuvien ja draaman monipuolinen, soveltava käyttäminen ja yhdistely.

Hollannissa on sairaaloissa klovnitoimintaa, jota ollaan tuomassa meillekin. Psykogeriatrisen sairaalan osastoilla Hollannissa sairaalaklovnit kohtasivat pitkälle edennyttä muistisairautta sairastavia ikäihmisiä. Tutkimus kuvasi, miten sairaalaklovnina työskennellyt ammattitaiteilija pyrki helpottamaan ja luomaan mahdollisuuksia muistisairaan yhteenkuuluvuuden kokemukselle, vuorovaikutukselle, aistihavainnoille ja tunteiden ilmaisulle. Klovnin työssä keskeistä oli iäkkään ihmisen identiteetin, ihmisarvon ja merkityksellisen ympäristösuhteen ylläpitäminen vakavasta sairaudesta huolimatta.

Skotlannissa on ymmärretty, että ihmisten pitää saada vanheta siellä, missä heidän tuttu elämänsä on. Erilaisiin ikäihmisten asumismuotoihin tutustunut Arja Jämsén kertoi eräästä hoitokodista, jossa isot ikkunat ulottuivat lattiaan asti niin, että vanhukset näkivät rakkaan maisemansa, järven ja Skotlannin vuoret. Tukholmassa rakennettiin 55+-ikäisten senioritalo Regnbågen, jonka asukkaat edustavat sukupuolivähemmistöjä. Aikoinaan nämä homo-, bi- ja transsukupuoliset joutuivat liikkumaan omissa suljetuissa piireissään, joten yhteisössä on hyvin samankaltaisia nuoruuden kokemuksia. Nyt kun heidän seksuaalinen suuntautumisensa ei enää ole rikos, he voivat asua turvallisesti yhteisössä, jossa omaa identiteettiään ei enää tarvitse kieltää.

Luovia hankkeita on toteutettu meilläkin. Lieksassa perheettömille metsätyömiehille hankittiin vanhuuden päiviksi tyhjä kansakoulu. Heille palkattiin emäntä, ruoka oli hyvää ja kavereita riitti. Tutut metsäiset maisemat olivat lähellä ja kaikki olivat tyytyväisiä. Valitettavasti tällä tarinalla oli surullinen loppu, sillä lama-aikana kaupunki lakkautti tämän ikäystävällisen, yksilöllisen ja yhteisöllisen asumismuodon ja sijoitti vanhat metsurit kaupunkiin eri kohteisiin.

Samassa kaupungissa kokeiltiin toistakin kiinnostavaa konseptia. Kaupungin kerrostaloissa kunnostettiin isoja huoneistoja mummojen kimppakämpiksi. Yleensä mummot saivat oman huoneen, mutta jotkut halusivat asua samassa huoneessa toisen mummon kanssa. Olohuone ja keittiö olivat asukkaiden yhteiset. Kaupungin kotihoito säästi aikaa matkoissa, kun sai hoideltua asiakkaat yhdellä käynnillä. Tuntui turvalliselta ja oli yhteisöllinen ratkaisu. Asukkaat olivat tyytyväisiä ja asumiskustannuksetkin olivat edulliset. Tässäkään tapauksessa ei ollut onnellista loppua, sillä ongelmaksi nousi paloturvallisuus ja ovien lukitseminen, joita ei saatu ratkaistua.

Surullista kyllä monet hankerahoituksin kehitetyt hyvä jutut kuihtuvat, eivätkä hyvät käytännöt pääse leviämään. Tulee uusia hankkeita ja taas syntyy uusia hetken humauksia. Tarvittaisiin enemmän viestintää, koulutusta ja vähän ravistelua, että parhaat ideat voisivat jatkua ja levitä hankkeen loputtua.

Toivoa on siis olemassa, mutta rakenteiden ja systeemin muuttaminen on hidasta. Miten on mahdollista, että korona-epidemian aikana mittaustulokset kertovat hyvästä hoidosta, kun järjestelmässä on paljon merkintöjä, mutta vanhukset eivät ole päässeet ulos yli vuoteen? Voisimmeko sallia samanlaisen kohtelun lapsille tai nuorille? Puhumme kauniita ja mittaamme suoritteita. Kyse ei ole pahasta tahdosta. Ei ole ihme, että henkilökunta kokee riittämättömyyttä arjessa, jossa suoritetäyteinen kalenteri kertoo tehokkuudesta eikä arvostaviin kohtaamisiin tunnu löytyvän aikaa. Osa hoitajista uupuu. Kysytäänkö tekijöiltä, mistä heidän onnistumisen kokemuksensa syntyvät ja miksi asiat menevät pieleen silloin, kun onnistumista ei synny? Mikä on heidän tekemisensä ydin? Todennäköisesti monet puhuisivat arvostuksesta ja kohtaamisesta.

Keskusteltuani tutkijan kanssa otin yhteyttä minua aiemmin surkeusindeksikuvauksellaan järkyttäneeseen Jaana Uttiin ja kysyin, miten hyvinvointiyhteiskunnan pelastaminen vanhusten osalta on edennyt. Kuten arvasin, sain vähän iloisempiakin tarinoita. Sellaisia, joiden soisi leviävän kulovalkean tavoin vanhuspalveluihin ympäri maan. Tässä pari esimerkkiä, toinen Kuhmosta, toinen Lappeenrannasta. Hurraa vanhusten onnellistamisen etujoukoille!

Kaksi tuntia unelmiin Kuhmossa

Joka viikko jokainen Hoitokoti Honkalinnan työntekijä voi käyttää kaksi tuntia siten, että hän tekee yhden tai useamman asukkaan elämästä poikkeuksellisen onnellista. Onnen hetket on dokumentoitava ja jaettava. Jos joku ei tahdo tai pysty tekemään onnellistamista, hän voi myydä option jollekin toiselle ja tehdä kokeilijan puolesta perustyön.

Biohakkeroinnin toteutus Lappeenrannan Toivokodissa

Neljä työntekijää valitsi itselleen kaksi vanhusta. Kahden viikon ajan jokainen heistä käytti osana omaa työtään erityisesti aikaa näiden valitsemiensa vanhusten onnellisuuden ja hyvän elämän mahdollistamiseen ja elämyksellisyyden ja onnen hetkien tuottamiseen. Kahden viikon ajan he pyrkivät löytämään juuri tälle vanhukselle, juuri tässä tilanteessa sopivia hyvän elämän elementtejä.

Myönteisten tarinoiden rohkaisemana tulin kutsutuksi helsinkiläiseen Mainiokotiin, jossa juttelin sekä henkilökunnan että palvelukodin asukkaiden kanssa. Minulle tuli tunne, että siellä pyrittiin tosissaan huomioimaan asukkaiden yksilöllisyys ja asukkaiden toiveita myös kuunneltiin. Moniammatillinen sisäinen johtoryhmä kokoontuu kerran kuukaudessa ideoimaan tapoja tarjota virikkeitä asiakkailleen. Omaisyhteistyö koetaan myös tärkeäksi. Erilaisia ideoita jaetaan henkilökunnan viikkotiimeille, jotka jatkavat niiden jalostamista yhdessä asiakkaiden kanssa. Näin syntyy pieniä arkeen vietäviä onnellistamisaineksia, esimerkiksi pari kertaa viikossa avoinna oleva "hätävarakauppa", josta asukkaat saavat ostaa hankintahintaan kaipaamiaan asioita. Usein toiveet liittyvät ruokaan, joten hätävarakaupasta saa tuoretta pullaa, pizzaa ja pannukakkuja. Palvelutalossa panostetaan siihen, että asukkaille tarjoillaan maukasta ja terveellistä kotiruokaa. Kerran kuukaudessa toteutetaan kuitenkin tavanomaisesta poikkeava teema-ateria, jonka asukkaat ovat ideoineet. Viikottaisissa viriketuokioissa jutellaan asukkaiden ehdottamista ja ajankohtaisista teemoista. Konserttejakin on järjestetty. Viimeksi keikalla kävi Eino Grön, sitä ennen Jari Sillanpää.

Helsingin Kumpulassa sijaitsevan Mainiokodin ympäristö on luonnonkaunis, aivan Puu-Käpylän vieressä. Useista asunnoista on upeat näköalat ja kesäiseen aikaan asukkaat voivat harrastaa parvekeviljelyä tai touhuta talon omassa puutarhassa. Ilmakin on puhtaampaa kuin keskustassa. Juttelin 95-vuotiaan Yrjön ja asukaspariskunnan Kallen ja Annelin kanssa. Yrjö oli ollut asukkaana jo viisi vuotta, Kalle ja Anneli muuttivat taloon edellisenä syksynä. Kaikilla on omat vuokra-asunnot ja ainakin nämä asukkaat tuntuivat viihtyvän erinomaisesti. Palvelukodissa kaikki ovat samanarvoisia ja tuntevat toisensa ja hoitajat etunimeltä.

Päätös muuttaa palvelukotiin oli toki vaatinut harkinta-aikaa ja omista tavaroista luopuminen tuntui sekä Yrjöstä että Annelista alussa raskaalta. Nyt tämä jo nauratti. Yrjö totesi, ettei hän enää oikein muistakaan, mitä kaikkea hänellä oli entisessä kodissaan. Tärkeimmät on mukana, nykyisessä kodissa on väljää ja turvallista. Hoitaja käy auttamassa Yrjöä pari kertaa vuorokaudessa. Juttutuokiossamme on mukana myös Riitta, joka aamuisin keittää Yrjölle kaurapuurotkin. Aamuvirkku Yrjö päivystää ranskalaisella parvekkeeltaan, koska Riitta saapuu aamuvuoroon. Vastavuoroisesti Yrjö, joka on hyvin ajan tasalla maailman tapahtumista, jakaa viimeisimmät uutiset niin Riitalle kuin muillekin. Hoitajille saa sanoa asioista, eikä riitaa ole syntynyt, Yrjö toteaa. Hän sanoo ihmisen olevan laumasielu. Jos joku puuttuu yhteisestä pöydästä, heti aletaan huolestua. Asukkaista, hyvin erilaisistakin, on tullut kuin omaa perhettä. Pitkästyä Yrjö ei ole ehtinyt, niin paljon on tekemistä. Kalle ja Annelikin yrittivät miettiä jotain epäkohtia, mutta mitään ei tullut mieleen.

Meistä kaikista löytyy luovuus ja innostus tehdä uudella tavalla. Mutta se vaatii yhteisön tuen, halun ja innostuksen. Kuten yksi biohakkereista sanoi: Kokeilujakso muutti työn tekemisen tapaa ja ajatusta siitä, mitä työ voi olla.

Tamora Oy:n Vanhusten biohakkeroinnin käsikirjasta

Unelmakoteja vanhuuden varalle

*Alku on aina hankala, mutta toivokaamme, että pienestä sie-
menestä kehittyy kerran vankka puu, jonka suojassa monet
yksinäiset ihmiset löytävät itselleen vanhuuden päivän tur-
van ja suojan sekä rattoisan seuran.*

Linnea Valkama v. 1938

Monet meistä pelkäävät sellaisia loppuelämän vuosia, jolloin
ei selviäisikään omassa kodissaan ja joutuisi "toisten armoille"
laitokseen. Arja Jämsén kertoi jo opiskelijavuosinaan Tampereella
ideoineensa ystäviensä kanssa sellaista vanhuuden kimppa-asu-
mista, jossa ystävykset hankkivat yhdessä ison asunnon. Yksi
kenties näkee parhaiten, toinen kuulee ja kolmas muistaa. Nuoret
näkivät visiossaan tarpeelliseksi myös festarikuskin, joka kyyditsisi
heitä festarilta toiselle. Suunnitelma kuulosti sen verran hauskalta,
että innostuin suunnittelemaan omaa unelmakotiani vanhuuden

varalle. Jos sitä ei tullut tehneeksi nuorena, nyt lienee korkein aika ideoida. Sen jälkeen voi valjastaa sopivia ikäihmisten asumista suunnittelevia tahoja viemään hommaa eteenpäin. Pyysin myös vielä työelämässä olevia ystäviäni kuvailemaan sellaista tulevaisuuden kotia, johon mielellään asettuisivat viettämään turvallisia ja hyviä vanhuuden päiviä.

Tällaisia unelmakoteja synnytimme:

Tulen asumaan talossa, joka on tietyllä lailla kommuuni. Talossa asuu lapsiperheitä, työikäisiä sekä ikäihmisiä. Ihmiset, ketkä talossa asuvat haluavat olla aktiivisia ja elää yhdessä muiden kanssa hyvää ja laadukasta elämää. Minulla on oma rauha ja ihana huone, missä voin oleskella, kun siltä tuntuu, mutta minun on myös mahdollisuus olla muiden seurassa silloin, kun haluan. Talo sijaitsee kauniilla paikalla järven rannalla luonnon keskellä, kuitenkin palvelujen läheisyydessä. Paikassa on tietysti puilla lämmitettävä rantasauna. Talossa on, kuten kuuluu, eläimiä; koiria ja kissoja, noita ihania tassuterapeutteja, joita ilman elämässä ei ole merkitystä. Isolla pihalla voin kasvattaa kukkia ja yrttejä sekä tehdä kaikenlaisia puutarhahommia kesällä, nukkua auringossa puun alla leppeän tuulen vireessä tai viettää aikaa katselemalla järvelle lintujen ja muiden pörriäisten elämää.

Syksyllä voin haravoida lehtiä ja tuntea tuulen tuiverta-van kasvoissa ja hiuksissa, kun katselen lintujen muuttoa etelään ja koen itseni haikeaksi. Talvella voin luoda lunta pihalta tai tehdä lumienkeleitä, jos vointini sen sallii. Talossa keskustellaan ajankohtaisista asioista, tehdään läk-syjä, mietitään elämää ja miten työelämässä tapahtuu jatkuvia muutoksia... Pidetään huolta toisistamme... Pidetään huolta myös henkisestä ja fyysisestä hyvinvoinnista. Talossa käy vii-koittain enkelihoitaja, aroma-terapeuttisten taikatippojen val-mistaja, vyöhyketerapeutti ja energiahoitaja. Kaikki hoidot vaikuttaisivat ennaltaehkäisevästi ja voimavaroja lisäävästi. Talossa voi myös opiskella internetin ihmeellisessä maa-ilmassa, saada aikansa kulumaan istumalla ihanassa kir-jastossa takan ääressä upottavan isossa nojatuolissa, kirjastossa, missä kirjoja on sylikaupalla. Voi myös katsoa kaikki ne elokuvat, joita ei ole voinut tai ehtinyt katsoa kii-reisen työelämän aikana. Musiikkihuone on paras paikka. Siellä voin syventyä rauhassa omaan mielimusiikkiin, olla ajatuksissaan ja antaa ajatuksen kuljettaa minut vanhoi-hin mielikuviin ja tunnelmiin eletystä elämästä. Muistella. Tämä talo on elämän talo. Siellä sattuu ja tapahtuu, siellä kaikki on elämänmakuista. Ikäihminen voi toimia nuorempien tukena ja neuvonantajana ja nuoremmat sitten ikäihmisen tukena ja turvana. Tässä talossa yksinäisyys ja syrjäytyminen ovat vieraita asioita. Tässä talossa koen olevani yhdessä muiden kanssa yksilönä yhteisössä, joka on minulle korvaamaton. En ajattele tai muista omaa kuolevaisuuttani, vaan odotan aina seuraavaa mukavaa päivää ennen nukkumaanmenoa. Luen kuitenkin varmuuden vuoksi isoäidiltäni lapsuudessa opitun iltarukoukseni; Levolle lasken, Luojani, armias ole suojani. Jos sijaltani en nousisi, taivaaseen ota tykösi. Ja minulla on täällä hyvä ja turvallinen olo.

Outi Äijälä

Merja Svenskin Unelmakoti on:

- esteetön

- kaikenikäisiä naapureita

- voi luoda ja osallistua yhteiseen toimintaan, ei kuitenkaan samaa ruokaa

- ikkunasta riittää katseltavaa

- kodissa on valoisaa

- näkyy moneen suuntaan

- yhteisölemmikki, joka on ehkä vain yhden tai kahden asukkaan, mutta jota saa halailla

- naapurit auttaa toisiaan

- pihalla on istutuksia ja rupattelupaikkoja

- jos on yksin, niin voisi asua myös isossa huoneistossa, jossa yhteistilaa, esim. Tupakeittiö tai olohuone

- näkyy meri tai järvi tai puisto

- kompakti, sopivan kokoinen, että pääsee perikuntaa rasittavasta tavarasta eroon

- hyvät kulkuyhteydet

Omat vanhuuden kotiunelmani

Toivon voivani asua omassa kodissani elämäni loppuun asti, mutta jos se ei onnistuisi ja vaihtoehtona olisi yhteisöllinen asuminen, kuvittelisin sen parhaimmillaan tällaiseksi:

Talo olisi jossain meren rannalla, jossa voisi kävellä ranta-hiekkaa pitkin, kuulla meren kohinaa ja lokkien huutoa. Talon sisätilat olisi taitavasti yhdistetty maisemaan ja suojaisa, katettu sisäpiha antaisi mahdollisuuden nauttia vihreästä ja kukkivasta ympäristöstä läpi vuoden. Sisäpihalla olisi mukavia, yksityisyyttä varjelevia keitaita, joissa voisi lueskella tai nauttia musiikista tai linnunlaulusta, suihkulähteen solinasta, ellei halua seurustella kenenkään kanssa. Omaa yksityisyyttä ja rauhaa olisi kaikille riittävästi tarjolla.

Sisätiloissa ja yksityisasunnoissa olisi huomioitu hyvät feng shuit ja luonnollisesti oman värinen ja näköinen sisustus.

Yhteisissä tiloissa olisi uima-allas ja elokuvateatteri. Talossa toimisi vireä henkisen kasvun kerho, jossa vierailisi kiinnostavia puhujia, jotka toisivat uudenlaisia näkökulmia ja käynnistäisivät hedelmällisiä dialogeja. Ikäihmisten yliopistojen tarjontaa olisi saatavilla ja valikoima olisi niin laaja, että kaikille löytyisi jotain kiinnostavaa, sekä käsillä tekemistä että tieteen viimeisiä uutisia.

Jokaisella asukkaalla olisi oma "henkilääkäri", joka suunnittelisi ennalta ehkäisevän yksilöllisen ohjelman liikunta-, ravinto- ja mielenvirkistystoimintoineen. Monenlaisia hemmotteluhoitoja olisi tarjolla mieltymysten mukaan. Taiji ja Qi kung -ohjaajat tarjoaisivat eri aikoihin aamulla virkistävän aamunavauksen. Tuoreita yrttejä ja vihanneksia kasvaisi omassa puutarhassa ympäri vuoden. Niitä käytettäisiin ravitsemuksellisesti täyspainoisiin vegaanisiin ateriakokonaisuuksiin.

Palvelushenkilökunta olisi ammattitaitoista, hymyilevää ja ystävällistä niille asukkaille, jotka tarvitsisivat joitain hoitotoimenpiteitä tai muita kotipalveluita. Pihapiirissä olisi eri-ikäisten asukkaiden koteja, myös lapsiperheiden.

Peruspalvelut lähellä, kulttuuria tarjolla, taloyhtiössä yhteistä tilaa, jossa voi pitää isoja juhlia.

Jos rakennustekniikka olisi jo edennyt kelluviin koteihin, mieluusti haluaisin oman minikodin kelluvalle laiturille, josta pääsee helposti rannalle ja kaupungille. Yhteisö voisi koostua useista kelluvista kodeista samaan tyyliin kuin asuntolaivat Amsterdamissa tai Hong Kongissa. Kodin terassilla voisi kasvattaa kukkia, lueskella riippukeinussa ja kuivattaa pyykkejä raikkaassa merituulessa. Rantalaiturilla voisi olla myös lavatansseja ja pienimuotoisia konstertteja erilaisiin makuihin. Ja tietysti yhteisöllä olisi kätevästi vieressään meriuimala, jossa voisi kuluneinkin nivelin harrastaa turvallisesti liikuntaa lämpimässä merivedessä ympäri vuoden.

Rakentamassa yhteyksiä ihmisten välille

Tuomo ja Kaija Holopainen ovat molemmat aktiivisia leijonia. Tuomo oli kutsuttu mukaan Lions-toimintaan jo 28-vuotiaana, mutta vasta kun hän oli jäämässä eläkkeelle Finnveran markkinoinnista ja viestinnästä vastaavan apulaisjohtajan virasta, hän pystyi antautumaan hyväntekeväisyysjärjestölle aktiivisemmin.

Mahdollisuuksia aukeni monenlaisia, jopa kansainväliseen toimintaan. Tuomo on ollut piirikuvernööri ja liiton puheenjohtaja. Hän on vaimonsa Kaijan kanssa vieraillut noin sadassa klubissa ympäri Suomea ja osallistunut moniin tapahtumiin eri maissa.

Samalla avioparille on siunaantunut paljon uusia ystäviä niin kotimaassa kuin ulkomaillakin. Leijonilla on hauska tapa kerätä ja vaihtaa pinssejä eri tapahtumista ja klubeista ja Tuomolla on niitä valtava määrä. Jokainen pitää sisällään oman tarinansa.

Kaija ja Tuomo ovat nyt olleet molemmat eläkkeellä kymmenisen vuotta. Kun kysyin, tuliko heille haikea olo työuran päätyttyä, Kaija myöntää, että hän jäi vähän ikävöimään kivaa työtä rakennusliikkeen uusien asuntojen sisustussuunnittelijana. Tuomolla on parin vuoden välein tapaamisia Finnveran seniorklubilaisten kanssa, mutta surua eläkkeelle jäämisestä hän ei ole tuntenut. Tyhjää aikaa tämän avioparin kalenterista on vaikea löytää, sillä molemmilla on omat Lions clubinsa, Tuomolla pari muutakin yhdistystä ja mieluista ohjelmaa tuovat myös 5- ja 8-vuotiaat lapsenlapset. Lisäksi molemmat pelaavat golfia. Kaija perusti eläkkeelle jäätyään erittäin aktiivisen naisklubin Helsingin Vuosaareen. Tuomon miesklubi toimii samalla alueella, mutta sinne ei ole perinteisesti naisia otettu jäseniksi. Molemmat klubit tekevät kyllä hyvää yhteistyötä keskenään.

Yksi leijonien sloganeista on *monta tapaa tehdä hyvää*. Sellaiseksi Tuomo ja Kaija leijonatoiminnan kokevat. Mitä enemmän tekee, sitä vahvemmin tietää tekevänsä hyvää. Tuomo kokee, että leijonatoiminta on yhteyden luomista ihmisten välille. Ollaan vuorovaikutuksessa ja kuulutaan vahvasti yhteisöön. Paitsi että voi auttaa muita, hyvän tekemisestä saa myös voimaa itselleen. Harvoin tulee sellaista tunnetta, että taasko pitää lähteä. Jos on väsynyt, voi tietysti sanoa, että nyt en jaksa. Pandemian aikaiset etäyhteydet muuttivat elämää ja toimintaa paljon. Kaivattu yhteisöllisyys vaatii kohtaamiset kasvokkain. Nyt ne tuntuvat entistä arvokkaammilta.

Leijonien monista kampanjoista Tuomolle on jäänyt tärkeänä mieleen Kiitos veteraaneille -kampanja, jolloin leijonat kävivät tapaamassa iäkkäitä sotaveteraaneja ja auttamassa näitä piha-töissä tai sisällä, missä apua tarvittiinkin. Tai vain kahvittelemassa ja juttelemassa ilman tiukkoja aikatauluja. Kaijan klubissa on noin neljäkymmentä jäsentä. Klubi tukee omalla alueellaan avun tarpeessa olevia lapsia, nuoria ja vanhuksia keräämillään varoilla ja osallistuu lisäksi harkinnan mukaan kotimaisiin ja ulkomaisiin katastrofikeräyksiin. Oli ehkä turha kysyä Kaijalta ja Tuomolta, kokevatko he eläkeläiselämänsä merkitykselliseksi. Vastaus oli kuin yhdestä suusta: kyllä!

Tulevaisuuden tekijät

Tärkeää minusta olisi, että kun vapaus jostakin, kuten työ-elämästä, vaihtuu vapaudeksi johonkin uuteen, merkittävä osa tästä vapaudesta koituisi muiden ihmisten ja erityisesti pienten lasten hyväksi eikä sitä tuhlattaisi pelkästään omaan itseen. Onhan se myös omaksi hyväksi, kun vanhuus saa sellaista merkitystä ja sosiaalista sisältöä, joka on arvokkaampaa kuin turismi, golfin peluu tai elottomien kuntosalilaitteiden kanssa peuhaaminen.

Antti Eskola:

Vanhuus. Helpottava. Huolestuttava. Kiinnostava.

Tunnistan itsessäni tuon saman vaateen, mistä Antti Eskola kirjoittaa. Ehkä se nousee ajatuksesta, että on elämälle vielä velkaa jotakin. Ehkä siinä on rippeitä täydellisyyden tavoittelijasta, jonka tavoitteet liukuvat aina kauemmaksi. Tai utopistista, joka uskoo tarinan huipentumaan, jolloin kaikki elivät onnellisina elämänsä loppuun asti. Oli niin tai näin, haluan olla mukana tekemässä parempaa huomista ja puuttua niihin epäkohtiin, jotka tuntuvat tipahtelevan omalle polulleni. Epäoikeudenmukaisuutta lienee mahdotonta poistaa, mutta on asioita, joiden suhteen pienet teot saavat aikaan muutosta. Pienellä rahallisella panostuksella voi hankkia kummilapsen Afrikasta tai Aasiasta, rahoittaa tyttöjen koulunkäyntiä siellä, missä se ei ole kaikille muuten mahdollista tai osallistua erilaisiin hyväntekeväisyystempauksiin kotimaassa. Aina ei ole kyse rahasta, palvelutyötä voi tehdä monella tavalla. Itse olen valinnut olla mukana Lions-toiminnassa, joku toinen on löytänyt jonkin muun itselleen sopivan auttamisen kanavan. Vapaaehtoisjärjestöissä tulee kaupan päällisinä samanhenkisiä, saman kaltaisella arvomaailmalla varustettuja ystäviä.

Seikkaillessani Facebookin ihmeellisessä maailmassa löysin tieni Suomen Isovanhemmat ry:n sivuille. Jälleen yksi aatteellinen ikääntyneiden perustama yhdistys. Paljonkohan näitä mahtaakaan olla?

Kun nyt 80-vuotias opetusneuvos Pekka Leinonen vuonna 2000 perusti Isovanhemmat ry:n, hän halusi mukaan niin miehiä kuin naisiakin. Aktiivisena leijonana hän on myös sitä mieltä, että naisten ottaminen mukaan leijonatoimintaan, pelasti järjestön. Entisenä opettajana hän kohteli tyttöjä ja poikia luokassa tasa-arvoisina, joten hänelle on luonnollista, ettei hän jaa ihmisiä sukupuolen mukaan. Hän on isoäitinsä kasvattama sotaorpo ja työelämässään 80 prosenttia hänen työkavereistaan oli naisia. Myöskään ikä ei ole hänelle ongelma. Karjalaiseen tapaan häntä kiinnostaa: mistä sie oot, mihin sie meet?

Pekka Leinonen puhuu maaseudusta arvostavasti meidän yliopistona. Kun hän muutti lapsena Tohmajärvelle, siellä oli 5000 asukasta. Hänen muuttaessaan pois asukasluku oli kasvanut yhdeksään tuhanteen. Kun Leinonen meni Kauniaisiin opettajaksi vaimonsa Ullan kanssa, siellä oli myös 5000 asukasta. Kauniainenkin kasvoi heidän aikanaan yhdeksään tuhanteen. Aiempien kokemusten kannustamana tempaistiin perheet Kauniaisissa mukaan hankkeisiin. Näin saatiin hyviä verkostoja aikaiseksi.

Hyviä verkostoja Pekka Leinosella tuntuu riittävän. Niistä on hyväntekeväisyydessäkin paljon apua. Hän luottaa siihen, että hommat hoituu, kun vain löytää oikean henkilön. Joku ystävä tai tuttu voi olla oven avaaja, mutta jossain oven takana on myös kulloinkin tarvittava avainhenkilö. Leinonen uskoo myös järjestöjen väliseen yhteistyöhön. Hän tietää, että monet järjestöt haluavat mustasukkaisesti toimia yksin. Mutta kun yhteistyö saadaan sujumaan, itse toiminta on sen hyöty. Kaikille. Isovanhemmat ry:llä onkin useita yhteistyökumppaneita ja jo perinteiksi muodostuneita hyväntekeväisyystapahtumia kuten itsenäisyyspäivän konsertti Temppeliaukion kirkossa. Sen järjestäjinä ovat mukana Lions Club Helsinki-Töölö ja Töölön seurakunta.

Pekka Leinonen on osoittautunut sitkeäksi mieheksi, vaikka hänen elämänsä jatkuminen on useaan kertaan ollut pienestä kiinni. Lapsena hän hukkui, mutta saatiin elvytettyä. Hän sai myös C-hepatiitin, mutta selvisi siitä. Poliostakin hän selvisi ja oppi uudelleen kävelemään. Kun hän sitten sairastui harvinaiseen syöpään, josta oli äärimmäisen pienet mahdollisuudet selviytyä, Ulla-vaimo totesi, että nyt ruvetaan elämään! Asenteella ja elämäntahdolla on varmasti merkitystä, mutta jälleen Leinosen hyvät verkostot tulivat avuksi ja hän sai kallista lääkettä sen kokeiluvaiheessa. Kolmen vuoden kuluttua tauti oli selätetty.

Leinosen asenteella eivät koronarajoituksetkaan koidu ylivoimaiseksi esteeksi. Kun täyteen myyty hyväntekeväisyyskonsertti Finlandia-talossa jouduttiin peruuttamaan, Isovanhemmat ry sai vaikutusvaltaisten verkostojensa ja kumppaniensa kanssa toteutettua Finlandia-talossa upean Sininen hetki – meidän vuoromme -nimisen konsertin, joka on katsottavana YLE Areenalla. Yleisöä paikalla oli vain yksi, mutta konsertti tuli YLE:n kautta katsottavaksi joka kotiin.

Viimeisessä kirjassaan Vanhanakin voi ajatella Antti Eskola on huolissaan myös erinomaisuuden eetoksesta, jonka keskeisiä arvoja ovat erinomaisuus, tehokkuus ja tuloksellisuus. Vanhanakin ihmisen kuuluu näyttää, kuinka erinomainen hän on. Hän toteaakin:

Minun puolestani joku voi aloittaa lumilautailun 80-vuotiaana ja mennä Italiaan maalauskurssille 90-vuotiaana. Onhan se varmaan erinomaista ja sillä pääsee lehteen. Mutta omalta osaltani yritän torjua tällaiset erinomaisuuden eetoksen mukaiset vaatimukset. Haluan elää riittävyyden eetoksen mukaisesti ja pitää yllä sitä mielikuvaa, että vaikka liikkuminen, näkö, kuulo ja muisti eivät ole ihan entisensä eikä minulla ole mitään ihmeellisiä harrastuksia, elämäni on silti riittävän hyvää.

Lukijan pohdintaan

- Haluatko vaikuttaa tulevaisuuteen? Miten?

- Mitä merkityksellinen elämä tarkoittaa sinulle?

- Tunnetko itsesi arvokkaaksi ja merkitykselliseksi?

- Koetko, että sinulla on mahdollisuus liittyä ympäröivään todellisuuteen sitä rikastavalla tavalla?

- Millainen olisi sinun visiosi hyvästä hoivakodista? Millainen ympäristö siellä olisi? Miten asukkaat huomioitaisiin yksilöinä? Miten he voisivat kokea itsensä arvokkaiksi?

- Millainen olisi oma Unelmakotisi vanhuuden varalle?

Osa 3

Mysteerikoulu

On ällistyttävää, miten todellisuus voi tappaa ja turruttaa meidät niin, että elämän mystinen ihme jää meiltä kokonaan havaitsematta. Me olemme täällä. Olemme hurjan ja vaarallisen vapaita.

John O'Donohue: Anam Cara

Elämä on luottamusmatka

Jossain sisällämme asuu pyhiinvaeltaja. Se kaipaa yhteyttä siihen, mikä on pyhää. Kyse ei niinkään ole siitä, mitä teemme vaan siitä, miten toimimme. Valintamme on polkumme. Se on tapa nähdä, kuulla ja tuntea, tapa edetä ja tapa olla, nöyryydellä.

Pyhiinvaellusta pidetään usein henkisenä oman itsen etsintänä. Pyhiinvaellus on yksinkertainen matka, jossa itse polku on päämäärä, samalla se on henkinen vertauskuva hyvin eletylle elämälle. Pyhiinvaelluksen tavoite on tehdä elämästä merkityksellisempää.

Kirjasta The Art of Pilgrimmage

Jotkut meistä etsivät itseään koko elämänsä ajan. Ovat levottomia sieluja ja aikamme nomadeja. Eivät osaa asettua aloilleen, vaan siirtyvät tarinasta toiseen. Muuttavat maasta toiseen ja uskovat tulleensa kotiin, kunnes matka jatkuu jälleen. Meillä kaikilla on oma ainutlaatuinen matkakertomuksemme. Kenties elämä on suuri mahdollisuus pyhiinvaellusmatkaan, merkityksellisen elämän tiedostamiseen. Jokainen kokemus auttaa meitä kulkemaan kohti syvempiä oivalluksia. Kun tarinassamme on riittävästi lukuja, saatamme huomata, että kaikki liittyy kaikkeen. Näennäisesti erilaiset osaset ovatkin olleet puuttuvia palasia, jotta näkisimme kirkkaammin ja ymmärtäisimme enemmän, olisimme lempeämpiä ja hyväksyvämpiä. Kun kysyin 84-vuotiaalta ystävältäni Angeline Welkiltä vanhenemiseen valmistautumisesta, hän kyseenalaisti kysymykseni. Ehkä meidän pitäisi vanhenemisen sijaan ajatella viisauteen kasvamista, hän ehdotti.

Oma hengellinen kokemukseni, on vuosien saatossa saanut uusia sisältöjä. Monet asiat sanoitan ja ymmärrän eri tavalla kuin silloin. Uskoni on pelkistynyt ja näkökenttäni laajentunut. Tunnen olevani enemmän ytimessä kuin silloin 55 vuotta sitten, jolloin etsin itseäni ja paikkaani maailmassa.

Tapio Aaltonen

Kuuntelin hiljattain Pekka Saurin podcastia Lohdullinen teoria elämästä. Henkilökohtaisiin kokemuksiinsa perustuvassa monologissaan hän etsii vanhuuden kynnyksellä reittiä eheään elämään. Sauri totesi, ettei onnen etsintä johda tavoitteeseensa, mutta kun löytää elämälleen merkityksiä ja tarkoituksia, ilo ja onni löytyvät niiden kautta. Merkityksen ei tarvitse olla jotain suurta ja jaloa, arkeen voi löytää monenlaista merkityksellistä tekemistä rajattomasta valikoimasta. Seesteiseen vanhuuteen ei Saurikaan tuntunut löytävän takuuvarmaa reittiä. Hän jäi miettimään riittääkö järki ja tietoinen ajattelu maailman järjestyksen ratkaisemiseen tai mistä ihminen löytää lohtua, ellei hänellä on vankkaa uskonnollista vakaumusta.

Konstantinos Kavafiksen Ithaka on suosikkirunoni. Se resonoi vahvasti löytöretkeilijään ja pyhiinvaeltajaan minussa.

Ithaka

Lähtiessäsi Ithakaan sinun tulee rukoilla,

että matka olisi pitkä,

täynnä seikkailuja ja kokemuksia.

Jättiläiset, yksisilmäiset,

vihainen Poseidon – älä pelkää niitä,

et tule koskaan löytämään mitään sellaista matkallasi,

jos vain ajatuksesi ovat jaloja

ja varjelet tunteita, jotka koskettavat sieluasi ja ruumistasi.

Jättiläiset, yksisilmäiset,

riehuva Poseidon – et koskaan kohtaa niitä

ellet kuljeta niitä sielussasi,

ellei sielusi nostata niitä eteesi.

Sinun täytyy rukoilla, että matka olisi pitkä. Kesäaamuin

laskeudu satamiin,

joita et ole koskaan aikaisemmin nähnyt, nauttien ihastu-

neena;

sinun täytyy pysähtyä foinikialaisten kauppapaikkoihin ja

ostaa hyviä tavaroita,

helmiäistä ja korallia, meripihkaa ja norsunluuta, kaikenlai-

sia aisteja herättäviä tuoksuvia öljyjä,

niin paljon kuin näitä voit vain hankkia;

sinun täytyy mennä moniin Egyptin kaupunkeihin yhä vielä

oppimaan niiltä, jotka tietävät.

Sinun täytyy aina pitää Ithaka mielessäsi,

sinne saapuminen on sinun päämääräsi.

Mutta älä lainkaan kiirehdi matkallasi.

On parempi, että se kestää monta vuotta;

ole vanha kun ankkuroit sen rantaan,

rikkaana kaikesta, minkä olet saavuttanut matkalla, sillä älä

odota Ithakan antavan sinulle rikkauksia.

Ithaka on antanut sinulle loistavan matkan. Ilman Ithakaa et

olisi koskaan lähtenyt liikkeelle.

Ithakalla ei ole sinulle enää mitään annettavaa.

Vaikka saari on köyhä,

Ithaka ei ole pettänyt sinua.

Olet tullut viisaaksi, olet kokenut,

ja silloin olet ymmärtänyt Ithakan merkityksen.

Sisäisen kompassin ohjauksessa

Avoin sydän osaa ihmetellä. Se hämmästyy pelkästä olemisen ihmeestä. Kuinka valtavaa onkaan se, että maailma on ylipäätään olemassa ja että me olemme täällä ja voimme kokea kaiken tämän. Kuinka outoa, että maailma on joskus näyttänyt meistä aivan tavalliselta. Sehän on ihme!

Marcus J. Borg

Mysteeri, joka on vain sydämellä löydettävissä, voi havahduttaa uuden tietoisuuden. Syvempi kokemisen tila avaa meille pyhän kokemisen kotonamme ja yhteisössämme – ymmärryksen, jota meidän tulee viljellä elääksemme harmoniassa.

Elämä syntyy valtavasta määrästä rituaaleja ja valintoja. Meistä tulee tapojemme orjia huomaamattamme. Tutut arkirituaalit tekevät elämän mukavaksi ja samalla estävät näkemästä toisenlaisia mahdollisuuksia. Tipahdamme filosofi Esa Saarisen termiä lainatakseni uomaelämään. Kohtaamisen ihme unohtuu uomaelämään ajautuneessa parisuhteessa. Itsekkyyden kulttuurissa etsimme sitä, mikä on helppoa ja mukavaa ja rajojen rikkominen jää yhä harvinaisemmaksi. Ikääntymisen myötä tämä tuntuu myös luontevalta. Enää ei tarvitse osoittaa omaa pätevyyttään työuraa rakentamalla. Tuttu ja turvallinen vie voiton suurten seikkailujen houkutuksilta. Suorittamisen taakka tekee tilaa olemisen harmonialle – vai tekeekö? Jotkut meistä ovat levottomia sieluja ja suorittaminen on mennyt selkäytimeen. On vaikea luopua aikaansaavista rooleistaan. Velvollisuudentuntoiset tulkitsevat edelleen ilmassa näkymättöminä leijuvia toisten odotuksia ja yrittävät lunastaa olemassa olon oikeutuksensa täyttämällä niitä. Korostuuko uskonnon, henkisyyden tai hengellisyyden merkitys ikääntyessä? Tätä kysyin teologian tohtori Jenni Spännäriltä.

Uskonnollisuutta leimaa pysyvyys. Vanhempana palataan yleisesti lapsuudenajan uskonnollisuuteen. Kun pysähdytään pohtimaan elämää, suuntaudutaan kohti aineettomia arvoja ja etsitään itsensä näköistä elämää ja rauhaa. Panostetaan enemmän harvoihin ja arvostettuihin sosiaalisiin kontakteihin kuin mahdollisimman moniin.

Suomalainen uskonnollisuus on ollut enemmän yksilöllistä pohdintaa kuin kirkossa käyntiä ja pappien tarvetta välittäjiksi.

Koko elämän kiertokulussa vaikuttavat uskomukset, osallis-
tuminen, kuuluminen ja henkilökohtainen hartauden harjoit-
taminen enemmän kuin tietty uskonto. Tässä ajassa monet
maalliset asiat ovat saaneet korkeampia merkityksiä. On laa-
jempi sfääri löytää pyhyyden kokemuksia kuin se, mitä kirkko
tai pappi antavat.

Henkinen älykkyys vai sielunäly? Voimme käyttää montaa eri nimeä siitä älykkyyden lajista, joka etsii merkityksiä elämän erilaisille episodeille. Viisaudelle, joka on oppinut luottamaan omaan intuitioon ja siihen, että elämä kantaa sen kaikissa vaiheissa. Rohkeudelle, joka uskaltaa ottaa vastuun omista valinnoistaan sen sijaan, että syyttelisi olosuhteita ja muita ihmisiä valintojensa seuraamuksista. Yhdistäisin myös ihmettelyn taidon henkisesti älykkäiden ihmisten pääoma salkkuun. Pidän sitä yhtenä Mysteerikoulun oleellisista menetelmistä.

Jotkut ovat taitavampia ihmettelijöitä kuin toiset. Jokin elämän järisyttävä tapahtuma on voinut pysäyttää meidät kirkkaan ihmetyksen tai lumoutumisen hetken äärelle. Ihmeen kokemuksessa ikä menettää täysin merkityksensä ja kiitollisuuden aalto vyöryy ylitsemme. Huomaamme, että jokainen uusi aamu on arvokas lahja. Ankea ympäristö näyttäytyykin sellaisena, jossa kaikki on kohdallaan. Ikävä kyllä, tällaiset hetket ovat harvinaisia.

Näistä syvistä kokemuksista mystikot ovat kautta aikojen kirjoittaneet. Kuulostaa taidolta, joka kannattaisi hankkia, mutta miten? Vaikuttaa siltä, etteivät elämän ihmeellisyyden kokeminen ja siitä lumoutuminen ole opiskeltavia taitoja. Olisi kiinnostavaa tietää, miten hetkellisistä elämän ihmeistä nauttineet ajautuivat tilaan, jossa aika menettää merkityksensä.

Danah Zohar, yksi itseäni inspiroineista ajattelijoista, on kirjoittanut useita kirjoja henkisestä älykkyydestä. Kauan sitten kutsuimme ystäväni kanssa hänet Suomeen puhumaan ja seminaarista tuli ikimuistettava. Tilaisuudessa tapahtui inspiroivia kohtaamisia toisilleen täysin vieraiden ihmisten kesken. Uudet ajatukset sinkoilivat ja Zohar sai meidät oivaltamaan jotain älykkyyden lajista, josta järkiälyä korostavassa kulttuurissa ei tavallisesti puhuta. Olen usein jälkikäteen miettinyt, miten mahdollistimme nuo innostuneet kohtaamiset ja yhteisen syvällisen pohdinnan. Kaikki alkoi siitä, kun tilaisuuteen saapujat joutuivat hämmennyksen tilaan. Asiat eivät edenneet heidän odottamallaan tavalla. Päästääkseen seminaarisaliin heidän tuli kulkea kukkasin koristellun sateenkaarenvärisen labyrintin läpi. Kun he löysivät oman istumapaikkansa, valmiit odotukset siitä, mitä seuraavaksi tulisi tapahtumaan, olivat jo tämän pienen odottamattoman rituaalin myötä karisseet. Avoin mieli, uteliaisuus ja tutusta irti päästäminen luotsasivat seminaarivieraat vastaanottavaiseen tilaan jo ennen kun Zohar astui lavalle.

Zoharin sisääntulo ja esiintyminen eivät nekään istuneet tavanomaiseen yliopistoluennon tyyliin. Hän halusi aloittaa esityksensä rummutuksella, joka muuttui alun äänekkäästä ja monimuotoisesta sekamelskasta hiljaisemmaksi harmoniaksi. Zohar on kvanttifyysikko ja filosofi. Hän on pyrkinyt määrittelemään henkisen älykkyyden poikkitieteellisesti yhdessä edesmenneen miehensä Ian Marshallin kanssa, joka oli psykologi. Kaikesta kuulemastamme ymmärsimme, että sisäisen äänen luotsaama, elämälle merkityksen löytävä henkinen älykkyys on myös Zoharille itselleen syvästi henkilökohtainen tutkimusmatka. Hän on etsinyt ymmärrystään niin Himalajan vuoristosta kuin kaaosteoriastakin. Epäilen, että tuon kokemuksellisen seminaarin aikana, jolloin yhdessä teimme myös tutkimusmatkan aivoihin pimeässä huoneessa, ajauduimme kaaosteorian hämmennykseen toisessa tilassa ja nautimme järki-, tunne- ja henkisen älyn cocktailit musiikin säestyksellä, moni meistä avautui mahdollisuudelle tutustua lähemmin intuition ohjaamaan älykkyyteensä. Jotkut meistä alkoivat kutsua sitä sielun älykkyydeksi. Oli tämän omasta elämästään vastuun ottajan nimi mikä tahansa, tuntuu lohdulliselta, että saavutettavissamme on taito heittäytyä elämän yllättäviin kokemuksiin luottaen sisäiseen kompassiimme, intuitioon. Ehkä ikä auttaa meitä löytämään tämän yhteyden ja lisää luottamusta näihin kykyihin, vai onko sillä mitään tekemistä iän kanssa?

Reseptejä sielunälyn herättelyyn

- Tutustu itseesi

- Ole rohkea

- Ole rehellinen itsellesi

- Uskalla rikkoa rajojasi

- Tee miksi-kysymyksiä

- Löydä yhteyksiä asioiden välille

- Järjestä hiljaisia treffejä itsesi kanssa

- Löydä kätkettyjä merkityksiä oletusten takaa

Arkkityypit oppaina vanhenemiseen

Luota lempeään ääneen,

Joka kaikuu ajan ja paikan takaa

Luota omaan tietämykseesi

Totuuteen, joka elää tuntemattoman takana

Luota sisäiseen näkökykyysi,

siihen joka näkee leikkivän lapsen

Luota omaan lauluusi

Valitsemaasi ainutlaatuiseen polkuun

Luota siihen, kuka olet

Ja kaikkeen siihen, mitä varten synnyit

Luota, ja tässä syvässä luottamuksessa

Ole ikuisesti vapaa.

Barry Brailsford: Wisdom from Four Winds

Aika on se kudelma, jossa tarinamme tulee näkyväksi. Yhä nope-
ampina tuntuvien muutosten maailmassa, tulemme temmatuksi
mukaan mitä oudoimpiin tarinoihin. On kuin tekisimme elämän
mittaista myyttistä matkaa ja samalla etsisimme omaa rooliamme
toistensa kanssa risteilevien juonien päättymättömässä ja yhä
vaikeammin ennustettavassa käsikirjoituksessa. Ensimmäisten
vuosikymmenten aikana oma tarinani vaikutti aika selkeältä.
Keskituloisen perheen keskinkertaisin eväin varustettu lapsi käy
kouluja ja opiskelee jonkin ammatin. Seuraavien vuosikymmen-
ten tarinassa tulikin jo mukaan enemmän yllättäviä käänteitä.
Avioliitto, tiilitalo ja kaksi lasta oli vielä tyypillinen osa suomalaista
unelmaa. Kahdeksankymmentäluvun vauraus muuttui kuitenkin
parin henkilökohtaisen valinnan seurauksena uusia selviytymis-
taitoja vaativaksi haasteiden jatkumoksi. Niistäkin selvittiin,
mutta maailman muutokset kiihdyttävät vauhtiaan edelleen. Nyt
haasteet ovat muuttumassa ihmiskunnan ja planeetan laajuisiksi.
Niiltä voi yrittää sulkea silmänsä tai sitten voi etsiä vastausta
kysymyksiin: kuka minä olen tässä tarinassa? Mitkä ovat omia
keinojani vaikuttaa tarinan kulkuun?

Tutustuminen jungilaisiin arkkityyppeihin on ollut minulle yksi
keinoista selkiyttää omaa rooliani isommassa kuviossa. Isompia
haasteita kohdatessani polulleni siunaantui monenlaisia auttajia
ja oppaita. Jotkut osuivat kohdalle kirjojen muodossa. Arkkityypit

alkoivat puhutella minua tri Carol S. Pearsonin kirjassa The Hero Within. Ymmärsin, että arkkityypit ovat ikuinen muoto meissä ja jotkut niistä tuntuvat tutuimmilta, kaikilta voimme oppia jotain. Olin pariinkin kertaan yhteydessä Pearsoniin. Vähän aikaa sitten kyselin häneltä, onko hän julkaissut jotain arkkityyppien merkityksestä ikääntyneille. Hän kertoi olevansa muutamia vuosia vanhempi kuin minä ja kyllä puhuneensa aiheesta, mutta hänen kirjoistaan ei suoraan löydy sellaista tulokulmaa. Niinpä aloin omalta kohdaltani pohtia, mitkä Carolin kuvaamista kahdestatoista arkkityypistä ovat olleet parhaita oppaitani omalla myyttisellä matkallani. Uskon, että arkkityyppien tunnistamisesta on apua meille. Uusimmassa kirjassaan What stories are you living? Pearson toteaa, että olemme kaikki ihmiskunnan evoluutien agentteja tai voisimme olla sen sankareita, jos ymmärtäisimme, että kaikella, mitä ajattelemme, sanomme tai teemme, on merkitystä.

Meillä kaikilla on oma valtakuntamme, josta olemme vastuussa – oma elämäntyylimme, oma kotimme, oma perheemme, oma työmme, oma yhteisömme jne. Kun me kehitymme, vaikutamme samalla valtakuntamme kehittymiseen.

Kasvutarinoissamme yksittäiset arkkityypit tai useat arkkityypit yhdessä voivat tukea kehityksemme kulkua. Itse olen kiitollinen etenkin kolmelle usein polkuani valaisseelle oppaalle, Etsijälle, Luovalle ja Elämäntaikurille.

Etsijän matkassa

Etsijä uskoo Ralph Waldo Emersonin tapaan, ettei kyse ole perille pääsystä vaan matkasta. Etsijää ajaa levoton tutkimusmatkailijan sielu. Hän inhoaa ikävystymistä ja yrittää kaikin tavoin vältellä sitä. Muistan jo lapsena, kuinka tylsiä olivat sunnuntait, jolloin ei ollut kavereita ja aika tuntui pysähtyneen. Radiosta tuli vain vakavaa musiikkia ja tuntui kuin kaikki hauskuus olisi ollut kiellettyä. Etsijää motivoi usko siitä, että jossain on jotain jännittävämpää ja vielä kiinnostavampaa, joka on hänen löydettävissään. Näillä seikkailuillaan hän kasvaa ja kehittyy kokemustensa kautta. Ei liene sattumaa, että tutustuttuani toiseen oivalluksia tuottavaan itsensä tunnistamisen välineeseen, enneagrammiin, Seikkailija oli heti tunnistettavissani. Myös ahneushaasteineen, joka on itselläni ilmennyt niin, että yritän saada yhteen elämään mahtumaan useamman elämän ainekset.

Etsijöillä on kuitenkin mahdollisuus löytää ihmisiä, paikkoja, toimintatapoja ja ideoita, jotka auttavat selviämään kulloinkin käsillä olevista ongelmista. Etsijälle "onnellinen loppu" voi tarkoittaa mahdollisuutta vaeltaa ilman valmista tavoitetta joko yksin tai ystävän kanssa. Näin syntyy kokemusten virta. Se, että kokee jotain upeaa, mitä ei ennen ole kokenut, tuottaa etsijälle suurta nautintoa. Tunnistan tämän vieläkin elämässäni, kun Italiassa vietettyjen talvien aikana haluan vierailla aina seuraavassa tuntemattomassa vuoristokylässä. Jokaisesta löytyy jotain yllättävää ja ainutlaatuista. Parhaat kumppanit etsijän retkille ovat hekin seikkailijoita ja edellä kulkijoita, jotka eivät viihdy valmiiksi tallatuilla poluilla.

Etsijät viihtyvät tämän päivän muutosvauhdissa, joka tarjoaa koko ajan uusia ideoita, lahjakkuuksia ja ratkaisuja. Vapaus on etsijän elinehto. Vanhuusvuosinaan he eivät pyytele anteeksi sitä, millaisia he ovat tai valitsevat olla. Seikkailuaan he voivat laajentaa ulkoisista tutkimusmatkoista tuntemattomiin sisäisiin syvyyksiin uteliaina ja avoimina siellä piilevälle vielä kartoittamattomalle.

Luova on muutoksen tekijä

Luovat hyödyntävät mielikuvituksensa voimia maksimoidakseen sen, mitä he voivat vielä tehdä. Ikääntymistä he pitävät omana taiteen lajinaan, toteaa Carol S. Pearson. Luovat ovat aktiivisia, energisiä ja luonnostaan mielikuvitusrikkaita ja helposti inspiroituneita. He yrittävät koko ajan tunnistaa uusia mahdollisuuksia aivan kuin heillä olisi erilaisia visioita skannaava antenni päässään. Parhaimmillaan ollessaan flow-tilassa, uudet ideat virtaavat heille. Luovat saattavat myös yhdistää näennäisesti täysin yhteenkuulumattomia ideoita, mutta lopputulos tekee ne näkyväksi muillekin. Tyypillistä luoville on, että ollessaan flow-tilassa, he menettävät ajan tajunsa ja unohtavat levätä, koska ovat niin innoissaan prosessista. Usein täydellisyyden tavoittelu on myös heidän kirouksenaan. Tunnistan tämänkin haasteen oikein hyvin. Iän myötä olen ehkä oppinut luopumaan täydellisyyden tavoittelusta ymmärtäen, että sellainen päämäärä liukuu koko ajan kauemmas. Ehkä apuna on ollut myös elämäntaikurin arkkityyppi.

Elämäntaikuri uskoo ihmeisiin

On vain kaksi tapaa elää. Joko niin, ettei mikään ole ihmeellistä tai niin, että kaikki on ihmeellistä.

Albert Einstein

Elämäntaikurit huomaavat usein merkityksellisiä yhteensattumia ja näennäisesti erillisten tapahtumien välisiä yhteyksiä. He ymmärtävät uskomusten voimaa ja sitä, miten asenteet vaikuttavat lopputulokseen. Elämäntaikurit hyödyntävät erilaisia rituaaleja kuullakseen paremmin sisäistä viisauttaan. He viihtyvät luonnon ympäristöissä tai rakennuksissa, jossa luonto on läsnä niin, että sisäinen ja ulkoinen todellisuus ovat sopusoinnussa keskenään. Elämäntaikurit ovat avoimia omalle intuitiolleen ja henkiselle ohjaukselle luottaen siihen, että nämä ovat heidän tukenaan. Valppaus synkronistisille tapahtumille ja varoitusmerkeille auttaa tässä yhteistyössä. Uskoessaan ihmeisiin elämäntaikurit voivat vahvistaa myös muita tunnistamaan kykynsä niin, että myönteinen muutos tulee yhdessä mahdolliseksi.

Uskon, että elämäntaikuri oli eniten läsnä elämässäni pari-kolmekymmentä vuotta sitten, vaikka tunnistan sen edelleen. Tuolloisissa haasteissa tuntui, että tapasin koko ajan samoihin tarinoihin oleellisesti liittyviä ihmisiä, toisiaan tukevia kumppaneita muutosmatkalla. Sellaisia ihmeellisiä asioita tapahtui yhtenään, joita ei tiennyt tilanneensa, mutta jotka aina veivät turvalliseen huomiseen. Mikään ei ollut itsestään selvää, mutta luottamus lujittui tapahtuma tapahtumalta ja vuosi vuodelta. Tavallaan elämäntaikuri kulki luovan minän edellä ja siirsi viestikapulan tälle, kun itseluottamus oli riittävän vahva. Kaikille näille kolmelle tärkeälle arkkityyppi oppaalle olen kiitollinen.

Mitkä ovat arkkityyppien parhaat eväät ikääntymiseen? Se, että olemme yksilöitä missä tahansa iässä, tarkoittanee myös erilaisia tarinan vaiheita eri ihmisille. Lisään arkkityyppeihin tutustumisen Mysteerikoulun oppiaineksiin.

Jung auttoi löytämään kipinän

Oman lapsen kuolema syöksi Liisa Halmeen sellaiseen tuskaan, että hän ei ollut varma pystyykö vielä löytämään merkityksen elämälleen. Miksi minä olen vielä täällä, hän ihmetteli. Hänellä oli vielä useita vuosia työelämää jäljellä ja tuska tuntui imevän kaiken elämänenergian. Niin raskasta kuin se olikin, arjesta oli selvittävä.

Liisa ymmärsi, että elämä ja kuolema ovat elämässä läsnä koko ajan. Tuskan ja surun keskellä hänelle tuli tarve koskettaa käsillään toista ihmistä, ja niinpä hän hakeutui opiskelemaan vyöhyketerapeutiksi. Tämä kuitenkin jäi ensimmäiseksi askeleeksi tiellä syvemmän pohjan löytämiseen elämässä. Surukirjan kirjoittamisen jälkeen Liisa hakeutui uniohjaajakoulutukseen. Sieltä hän löysin Jungin.

Jungin myötä löytyi uusi syvyys, jota Liisa elämäänsä etsi. Hän kävi kaikki jungilaisen psykologian kurssit, joita Suomesta löytyi. Vähitellen häntä alkoi kiinnostaa jungilaiseksi psykoanalyytikoksi opiskeleminen, mutta epäilyksen ääni muistutti häntä siitä, että hän oli jo yli 60-vuotias ja koulutus kestäisi viidestä kuuteen vuotta. Jungilaisia psykoanalyytikkoja Suomesta löytyi vain kolme, eikä opintoja voinut suorittaa kotimaassa. Epäilyksen ääni vaimeni, kun tuleva analyytikkokollega totesi, että ikä on vain tekosyy. Liisa hakeutui koulutukseen Kööpenhaminassa. Se oli lähin mahdollinen paikka. Opintojen alkuvaiheessa hän joutui opettelemaan myös tanskaa, koska osa opetuksesta oli tanskan kielellä.

Jung havahdutti Liisa Halmeen syvästä traumaattisesta kokemuksesta. Hän ymmärsi, että syvimmänkin kriisin keskellä on mahdollisuus löytää yhteys siihen, joka kantaa ja näyttää tietä kohti uudenlaista merkitysyhteyttä omaan elämään. Elämä ei suju niin kuin suunnitellaan. Joskus joutuu myös rypemään synkissä vesissä. Traumat aktivoivat psyyken suojamekanismit, ettei minuus hajoa. Erilaiset roolit ovat maski, joka suojaa meitä. Suojasta voi tulla niin vahva, että se on este astua elämään. Ego tekee valintoja siitä, miten selvitä arjessa. Egon kannattaa kuunnella myös sisimmän ääntä, jotta se sankari, joka etsii sisäistä kipinää, voi astua hommiin.

Kaikkien roolien takana sisällämme sykkii kipinä, jota yhteiskunta ei voi määritellä. On tärkeää oivaltaa, kenen ääni nostaa esteitä eteemme. Mitkä ovat yhteiskunnan ja ympäristön asettamia normeja, ja mikä on minun ääneni ja arvoni? Rooleja tulee ja menee, mutta minuus säilyy ja haluaa tulla nähdyksi. Elämää rakennetaan minuuden varaan sisältä ulospäin.

Omalla sankarimatkallaan Liisa Halme on saanut oppia, miten psyyke toimii. Hän on tullut tietoisemmaksi omasta kipinästään ja luovista voimistaan.

Luovuus voi ilmentyä niin monin eri tavoin. Nyt eläkkeelle jäätyään ja jungilaiseksi psykoanalyytikoksi valmistuessaan Liisa Halmeella on omien kokemusten lahjoittamaa viisautta ja selviytymiskeinoja muillekin jaettavaksi. Jungilaisista arkkityypeistä on tullut oppaita myös kypsän iän muutosmatkalle. Yhteiskunta on vahingossa määritellyt meille kapeamman vanhuuden tarinan kuin mikä meille kuuluisi. Tutkimustenkaan mukaan perinteinen elämänkaariteoria ei enää toimi. Eläkkeelle jääminen on kuin musta aukko. Visio siitä, kuka minä olen työelämän jälkeen, puuttuu. Mitä meiltä vaaditaan kypsässä iässä?

Tulemme koko ajan luoduiksi sisältä päin, vakuuttaa Liisa Halme. Sisäisen nuoruuden ikuinen energia, aina valmis uteliaisuus kulkee matkassa mukanamme. Tätä kutsua Liisa haluaa välittää muillekin. Teemme koko ajan valintoja elämän puolesta tai sitä vastaan. Suojamekanismista voi tulla este, jos jäämme yhteiskunnan normien ja olettamiemme odotusten ansaan. Elämätön elämä on tavallaan ennen aikainen kuolema. Meidän kuuluukin rikkoa kollektiivisia odotuksia, mutta myös omia psyyken esteitä. Vanhuus on tulemista siksi, joka olemme. Se on iso juttu.

James Hillmanin inspiroimaa

Kyse onkin vapaudesta, joka saapui ikääntymisen myötä. Vaikuttaa siltä, että olet ansassa, riippuvainen muista, kykenemättömämpi ja samaan aikaan tapahtuu jotain uutta ja vapauttavaa. Löydät uuden fokuksen. Se ei ole sen uudelleen löytämistä, mitä oli aikoinaan. Se on uusi fantasia, uutta mielikuvituksen voimaa. Mielikuvituksesi on harjaantunut vuosikymmenten myötä. Kun päästät sen vapaaksi, löydät jotain uutta. Sinulle avautuu mahdollisuus olla uskollinen alkuperäiselle visiollesi ja se on tärkeää. Antaudu tälle kutsulle, mikä sitten inspiroikaan sinua. Ota visiosi vakavasti. Arvosta sitä. Elämästä tulee vakavampaa, muttei onnettomampaa. Mille sinä haluat olla uskollinen?

Suvusta voimaa suruun

Kun Hilkka Asanti-Sammallahden mies neljä vuotta sitten kuoli, hän eli vuoden kuin sumussa. Kun mies oli kuollut tammikuussa, perheen koira kuoli toukokuussa. Se oli hirveä vuosi. Lisäksi tuli omakotitaloon katto- ja ikkunaremontit. Hilkka hankki uuden koiran seurakseen ja kävi surusta selvitäkseen keskusteluja asiantuntijan kanssa vuoden ajan. Nämä ulkopuolisen kanssa käydyt keskustelut hän on kokenut tärkeiksi. Nyt neljän vuoden jälkeen hän alkaa löytää uudelleen intoa tehdä itselleen tärkeitä asioita: valokuvakirjoja, sukututkimusta, käsitöitä. Hän liittyi Marttoihin, käy jumpassa ja hankki kausikortin Musiikkitaloon. Ja tietysti hän lenkkeilee koiran kanssa.

Hilkka Asantin lapsuudenkoti Töölössä purettiin ja Hilkka pelasti ullakolta sinne tuotuja sukulaisten jäämistöstä valokuvia, negatiivejä ja kirjeitä. Hän teki isoisän ja -äidin rakkaustarinasta kirjan sukulaisille. Isoäiti Hildur sisaruksineen jäi nuorena orvoksi ja huolehti nuorempien sisarustensa kasvatuksesta. Hän oli ahkera ja sai omat lapsensa avioiduttuaan vasta nelikymppisenä. Koti oli lämminhenkinen ja toisista välittäminen oli tärkeää. Työtä tehtiin intohimosta, ei rahanhimosta. Piti myös ajatella muita eikä vain itseä. Koska Hildur oli tunnettu valokuvaaja, joka perusti menestyvän valokuvausliikkeen Rovaniemelle, hänestä ollaan tekemässä kirjaa. Hilkka oli tutkinut isoäitinsä taustoja ja löytänyt yhdestä valokuvasta tämän perheenjäsenien tiedot. Isoäiti oli kotoisin Haaparannalta ja Riksarkivista löytyi lisää tietoja. Hilkka on antanut runsaan kuvamateriaalinsa tekijöiden käyttöön. Originaalit hän lahjoittaa Lapin maakunta-arkistoon. Hänestä tuntuu hyvältä, että isoäiti saa sen arvon, minkä hän ansaitsee.

Isovanhempien tarina on havahduttanut Hilkan miettimään suvussaan esiintyvää tapaa tehdä epäitsekkäästi hyvää ja hyvin niin, että raha on jäänyt toisarvoiseksi. Hilkan isä oli perustamassa Lapin Sivistysseuraa, joka järjesti etelässä käsityömyymäisiä ja antoi saamelaisnuorukaisten käyttöön Helsingissä opiskelija-asunnon. Hän piti tärkeänä sitä, että saamelaisnuoret saivat heille kuuluvan kulttuurin ja kielen arvostusta. Hilkan veli oli saamen kielen professorina Oulun yliopistossa ja asuu nyt Utsjoella saamelaisen vaimonsa kanssa. Hilkalla on vielä kolme kaapillista aineistoa, joista hän haluaa tehdä kuvalliset kirjat omille lapsilleen ja heidän lapsilleen kertoakseen, mistä he tulevat. Sukututkimus ja valokuvakirjat ovat temmanneet Hilkka Asantin mukaansa niin, että hän saanut jo 50 kirjaa aikaiseksi. Kerran vuodessa hän kutsuu myös parikymmentä naapurin naista kotiinsa viettämään iloista iltaa valokuvakirjojen parissa. Jokainen naapuri tuo oman kirjansa selattavaksi, joten tartunta tuntuu levinneen.

Iän myötä Hilkka on oppinut, ettei tiedon ahmiminen ole yhtä tärkeää kuin se, että ympärillä on ihmisiä, joiden kanssa on helppo olla. Lapsenlapset ovat hänelle tärkeitä ja hänellä on ollut tapana järjestää mummopäiviä, jolloin lapsilla ei ole aterioiden lisäksi mitään aikatauluja eikä valmiiksi suunniteltua ohjelmaa. Askarrellaan ja tehdään käsitöitä, jos siltä tuntuu. Sellaisia asioita, joista lapset juuri silloin eniten iloitsevat. Ja tietysti Hilkka on tehnyt myös lapsista ja heidän serkuistaan kuvakirjat. Elämänkokemus on auttanut Hilkkaa ymmärtämään paremmin, miksi ihmiset taustoistaan johtuen toimivat eri tavoin. Hän toivoo, että olisimme siirtymässä itsekeskeisyyden ajasta ottamaan enemmän toiset ihmiset huomioon. Minä-sanan lisäksi huomioimaan myös sinä, me ja te. Tästä hän kokee, että onkin jo merkkejä näkyvissä. Hilkan tulevaisuustoiveissa on se, että lapset saisivat elää maailmassa, jossa vallitsee rauha ja sellaiset arvot, jotka kantavat elämässä. Sen sijaan, että nyt tehdään paljon pilkkaohjelmia toisista ihmisistä, hyväntahtoisuus lisääntyisi ja ilo säilyisi ihmisten elämässä.

Omassa ammatissaan aikuiskoulutuksen suggestopedisena ranskankielen opettajana Hilkalle ovat jääneet mieleen ne hetket, jolloin oppilaat ovat kurssin jälkeen kertoneet kokeneensa ensi kertaa, että he ovat oppineet jotain ja saaneet arvostusta. Hän toivoo, että hänellä säilyisi vielä tulevaisuudessakin kyky tehdä asioita innostuksesta ja että hän osaisi olla ymmärtäväisempi ja lempeämpi ihmisten suhteen.

Vihdoin aikaa tutustua itseen

Millainen tämä elämänvaihe kunkin kohdalla tulee olemaan, riippuu yhtä monesta asiasta kuin aikaisempikin elämämme: perintötekijöistä, yhteiskunnallisista oloista, kasvuympäristöstä, elämänkatsomuksesta, henkisestä kehityksestä, terveydestä, omasta asenteesta.

Irja Kilpeläinen: Viisaat vuodet

Kun ystäväni Maria Lehtinen jäi leskeksi, hänelle jäi ehkä ensimmäistä kertaa elämässään aikaa kuulostella, mitä hän itse halusi. Eri elämänvaiheissa oli ollut paljon muiden odotuksia ja erilaisia velvollisuuksia täytettävänä. Yhtäkkiä, nyt ikäihmisenä, tuli aikaa tutustua siihen, kuka Maria syvällä sisimmässään on, mitä käyttämätöntä ja luovaa potentiaalia hänessä on ja millaista elämää hän haluaisi elää. Kuin vastauksena tähän hämmentävään arvoitukseen, hän löysi pari vuosikymmentä aiemmin ostamansa Julia

Cameronin kirjan Kultasuoni, joka on täynnä luovia harjoituksia oman itsen kohtaamiseen. Tämä tuntui muutenkin taiteellisesta ja luovasta ystävästäni houkuttelevalta tavalta lähteä matkalle kotiin kohti itseä. Koska matkan oivalluksia on antoisaa jakaa ystävien kanssa, Maria kutsui minut mukaan kirjan viitoittamille poluille voidaksemme jakaa kokemuksistamme. Näin Maria kertoo:

Kultasuoni palasi elämääni ihan oikeaan aikaan, sillä olin äskettäin homeopaatin vastaanotolla ja kerroin, että kai olisi oikea aika saada tietää, kuka minä oikeasti olen. Ja juuri siihen Kultasuoni tähtää. Mikään ei ole sattumaa... Kasvoin perheessä, jossa oli kova komento: lapset hiljaa! Puhua sai, jos kysyttiin. Silloin asioita opittiin kuuntelemalla, ei voinut kysyä. Ei ollut paljon neuvoja, vaan aina olisi pitänyt tehdä paremmin. Ei kiitosta, ettei ylpistynyt. Äiti vielä kehui, ettei koskaan ole omia lapsiaan kehunut. Se oli sellaista häpeämistä.

Cameronin kirjan kysymykset ovat yksi monista keinoista kaivaa esiin roolien taakse kätkeytynyttä salaisuutta siitä, kuka minä oikeastaan olen. On ehkä helpompi pysähtyä itsensä äärelle, kun joku kutsuu mukaan pohdintaan valmiiden tehtävien avulla. Irja Kilpeläinen kuvaa kirjassaan viisaat vuodet avuttomuuden tunnetta uuden elämänvaiheen edessä: Eläkkeelle siirryttäessä rapisevat kehykset joko äkkiä tai vähitellen pois. Ihminen meissä seisoo avuttomana ja paljaana kahden kesken todellisen itsensä kanssa. Hän joutuu kyselemään: kuka ja mikä minä oikeastaan olen.

Moni meistä kuulee vanhuuden kynnyksellä kutsun tutustua paremmin siihen itseen, joka olemme syvällä sisällämme roolien takana. Erilaisia tapoja vastata tuohon kutsuun on rajattomasti ja jokainen löytäköön itselleen sopivimmat. Itse tykkään enneagrammista ja jungilaisista arkkityypeistä. Kelttiläisestä mytologiasta ammentava Jhenah Telyndrun kirjassa Avalon Within esitellään itsensä tunnistamisen peili, jonka lähtökohtana on se, että olemme kaikki sekä valon että varjon olentoja. Kirjan inspiroimana kirjoitin omaa Valon ja varjon päiväkirjaani tehdäkseni sisäistä inventaaria ja valaistakseni kasvutarinaani. Koska päiväkirjaa kirjoitetaan vain itselle, on tärkeää olla täysin rehellinen listatessaan omia ominaisuuksiaan. Ne tulevat kahden eri otsikon, Valon peilin ja Varjon peilin alle. Valon peili kertoo omista kyvyistä ja lahjoista, myönteisistä luonteenpiirteistä ja voitetuista vaikeuksista. Varjon peili näyttää pelot, haavat, epäonnistumiset, epäilyt ja itseään toistavat huonot mallit. Kun kuvaukset näyttävät riittävän kattavilta, listoja verrataan keskenään. Onko niissä jotain samankaltaisuuksia? Miten energiaa voisi suunnata niin, että toistuvat huonot valinnat voisi muuttaa rakentaviksi olemassa olevia voimavaroja hyödyntäen? Tällainen itsetutkiskelu saattaa viedä aikaa, mutta ei kai sillä ole kiirettä, jos se tuottaa uusia oivalluksia?

Näe ja ole maailma

Jokainen päivä on ihme. Jokainen tuulen henkäys, lumikuuro, jokainen hyvä uutinen on ihme. Nauti niistä, et ole täällä ikuisesti.

Tom Peters

Heikki Peltola toteaa, ettei halua elää sellaisessa maailmassa, jossa ei ole tilaa ihmeelle. Ihmeen käsite ei hänen mielestään ole ihmeellinen. Koko ajan tapahtuu dramaattisesti enemmän kuin se, mitä havaitsemme. Tulee yllätyksiä. Ihme on koko ajan läsnä, se ei himmene. On säälittävää, että ymmärrys tästä puuttuu meiltä. Jos olisimme avoimia ihmeille, voisimme paremmin ratkaista yhdessä luomiamme ongelmiammekin.

Ihminen itsessään on ihme ja voi tuottaa ihmeitä myös toiselle. Ei ihmeen eteen tarvitse tehdä mitään, se löytyy ihan tavallisesta arjesta. Kavennamme ihmettä omien uskomustemme kautta. Ihan pieni asia voi laukaista ihastelevan ihmetyksen tunteen. Jotkut ovat herkempiä aistimaan kuin toiset. Toisten läsnäolo altistaa ihmeiden kokemiselle niin, että voi kokea ja nähdä enemmän. Koko ajan olemassa olevan yhteyden kokemus on elämisen tarkoitus. Ne isot muutokset, joita ikääntyminen tuo tullessaan ovat ilmeisiä. Nuoren ihmisen vitaliteetti, loputon energia hiipuu. Elämä kapenee, mutta tilalle tulee uudenlainen intensiteetti, kun vihdoin on aikaa tehdä itselle tärkeitä asioita. Se, että jäljellä onkin vähemmän jäljellä olevaa kuin elettyä aikaa, tulee yllätyksenä. Se havahduttaa niihin merkityksellisiin asioihin, joita pitää ehtiä tehdä, ennen kuin poistuu.

Peltolan huomioiden mukaan uusi elämä alkoi noin kuusi-kymmenvuotiaana. Lapsiperheen arki oli kuin sumussa elämistä. Nuorena myös seksuaaliset halut veivät paljon energiaa. Uusi rauhallisempi ja seesteisempi vaihe on mahdollisuus, joka voi tuntua ylelliseltä. Nuorempana näki tämän ikäiset ihmiset ikäloppuina. Nyt tietää, että elämästä kykenee vielä nauttimaan ikääntyneenäkin. Ihmeteltävää riittää koko elämän ajan. Meidän aikanamme vallitseva pimeys on sekin ihmeellistä. Sitä, että voi nähdä ihmeitä ja olla ihme, ei voi koskaan oikein ymmärtää. Ajan valheella ei ole merkitystä. Vanhetessaan ei ajattele aktiivisesti kuolemaa, sillä ajatukset pyörivät enemmän elämän ympärillä. Se, että sairastuisi, kyynistyisi tai olisi toisille vaivaksi on pelottavaa.

Ympäriltä lähteneiltä kavereilta Peltola on oppinut, ettei raihnaisessa ruumiissa ole kiva elää.

Saavuttamisen ajatus on iso harha. Heikki Peltola ei koskaan ole tuntenut titteleiden keräämisen tarvetta elämässään. Ihmiset ovat olleet hänelle tärkeitä, ei hienot vakanssit. Hän mietti yhdessä vaimonsa kanssa sitä, millaiset hautajaiset he haluaisivat. Kumpikaan ei toivonut mitään muistotilaisuutta tai muistelukumpua. Se, että he ovat nyt elossa, on merkittävää. Sen jälkeen jää vain kasa tuhkaa. Nyt on aika käyttää elämän tarjoamat mahdollisuudet. Nuorten kanssa on antoisaa keskustella ja se on arvokasta. Voi jakaa kokemuksiaan ja rohkaista vaikka sivulauseessa.

Peltola hakeutuu hyviin keskusteluihin hyvien tyyppien kanssa. Hän soittaa kitaraa ja innostuu musiikista. Näihin hän ei kyllästy koskaan. Hänen oma isänsä oli vielä elämänsä viimeisinä aikoina kiinnostunut mäkihypystä ja sen tuloksista. Heikki ihmetteli sitä silloin, mutta on ymmärtänyt myöhemmin, että on tärkeää, että elämässä on joku kutkuttava juttu. Elämä itsessään on arvokas ilman, että on jotain leuhkittavaa. Kuitenkin voi tuntea ylpeyttä aikaansaannoksistaan. Tärkeää on se, mihin aikansa käyttää, ei se, mitä saa aikaan.

Kun Peltola sai valmiiksi David Bohmin inspiroiman kirjansa Yhtä ja kaikki – Näe ja ole maailma, hän totesi kolmen vuoden urakan olleen häpeällisen nautinnollista. Kirjassa ei väitetä mitään totuudeksi. Kuitenkin tuntuu siltä, että Bohm on ollut ytimessä ja se, mistä hän on kirjoittanut ja puhunut voisi olla totuus. Ajattelu tulisi laittaa oikealle paikalleen. Peltola tuli temmatuksi syviin vesiin, missä kaikki liittyy kaikkeen eikä se, mitä olemme pitäneet tärkeänä olekaan todella tärkeää. Oikeastaan hän oli miettinyt näitä asioita neljäkymmentä vuotta keskusteltuaan nuorena Bohmin kanssa kahden kesken. Aihe ja sen kautta avautuva erilainen maailmankuva oli niin huikea, että kirjan synnyttämisessä vietettyjen vuosien aikana univelkaa kertyi runsaasti. Peltola heräsi jo neljän viiden aikaan aamuisin. Hän kuunteli yksitoista Bohmin luentoa, mietti mielen mekanismeja ja eroja kuvitellun ja todellisen maailman välillä. Hän keskusteli kommentaattorien ja muiden bohmilaisten kanssa ja vieraili kirjastossa Lontoossa sukeltaen Bohmin arkistoon. Peltolaa motivoi ajatus, että Bohmin näkemyksen avulla voisimme löytää avaimet suurten globaalien ongelmien ratkaisemiseen. Bohmin pohdinta kannattaisi viedä seuraavaan vaiheeseen ja havahduttaa muitakin. Ei olisi tärkeää, miten hän selittäisi virtausta, joka on ajattelun tuolla puolen. Kyseessä ei ole mekaaninen ajattelutapa, eikä kaikkea tarvitse selittää. Hänellä ei myöskään ollut mitään tarvetta todistaa mitään oikeaksi. Kirjansakin hän tiesi kiinnostavan vain marginaalista joukkoa ihmisiä.

Peltola haluaa vaikuttaa isoihin asioihin. Merkitys ohjaa hänen tekemistään. Hän on kirjoittanut paljon jo aiemminkin ja nyt Bohm-kirja tuntui niin arvokkaalta, että se oli suorastaan pakko panna pakettiin. Suomeksi ja myös englanniksi. Oikeastaan Peltolalta tuli neljä kirjaa ulos kahdessa kuukaudessa ja taas tekisi mieli sukeltaa seuraavaan aiheeseen. Vaimo ehdotti kuitenkin parin viikon taukoa. Luovuuden lahjaa tulee käyttää ja ikääntyneen erilainen rytmi antaa siihen mahdollisuuden. Nyt on aika. Myös ihmeille.

Metsän mystisiä voimia
ja vihreää hoivaa

Metsä parantaa ja palauttaa elämänvoimia. Metsää pidetään hoitavana ympäristönä sen multisensorisen vaikuttavuuden takia.

Metsässä voi mietiskellä omaa itseään ja elämäänsä. Metsässä voi kokea itsensä kokonaiseksi, osaksi luontoa. Koskemattomassa metsässä voi kokea luonnon voiman ja eheyden tunteen, mutta metsät voivat olla myös hoidettuja ja helppokulkuisia, jolloin tulee tunne, että ihminen ja ympäristö on otettu huomioon. Jokainen etsii metsästä omaa paikkaa joka herättää itsessä positiivisia tuntemuksia ja elämyksiä.

Sikkilä 2009

Luontosuhteella on suuri merkitys hyvinvoinnillemme. Itse kaipaan meren läheisyyttä ja tuivertavia tuulia kirkastaakseni ajatuksiani. Joku toinen rauhoittuu metsän hiljaisuudessa. Avarat maisemat voivat muuttaa murheiden mittasuhteet lohdullisemmiksi. Jokaisella meistä on omat voimapaikkamme ja mielimaisemamme. Jos vietän paljon aikaa vain seinien sisäpuolella, jotain näivettyy. Välillä on hyvä ottaa aikalisä ja miettiä, miten kauaksi erilaiset vempaimet ovat etäännyttäneet minut kohtaamisista luonnon kanssa. Olenko unohtanut tämän sopusoinnun lähteen, joka salaperäisellä tavalla saa energiatasoni nousemaan tai viestii minulle, että nyt on aika levätä.

Kysyin 30- ja 40-luvulla syntyneiden Facebook-ryhmässä heidän suhteestaan metsään ja luontoon. Tällaisia vastauksia sain:

Metsä ja yleensä luonto on tärkeimpiä päivittäisiä asioita, joissa hoidan itseäni. Molemmat ovat tärkeitä.

Paljon touhua puutarhassa ja metsässä lenkkeilyä.

En ole puutarhaihmisiä, mutta metsälenkit ovat mukavia.

Joka päivä metsälenkki ja pikkupihalla touhuilua sekä terassilla.

Metsälenkillä lähes joka päivä, järvi ja meri lähellä, luonnosta saan voimaa ja rauhaa mielelle.

Joka päivä käyn metsässä, ihana aamulenkki.

Tämä torppa sijaitsee suurten koivujen mäntyjen keskellä, joten metsän tuntu tulee ikkunasta ulos katsomalla, eikä varsinaiseen metsäänkään pitkälti ole, metsä ja luonnon kasvillisuus on aina merkinnyt enemmän kuin hoidetut puutarhat, jotka nekin ovat tärkeitä. Asfalttiympäristö ei ole minun juttuni.

Metsäterapian suosio on kasvussa ympäri maailmaa. Japanilaisten 80-luvulla kehittämä metsäkylpy taisi potkaista ilmiön vauhtiin. Metsäkylvyn idea on, että metsästä mennään ammentamaan terveyttä ja harmoniaa oppaan avulla. Opas pitää tahdin sopivan verkkaisena ja opastaa kokemaan metsässä käyskentelyn kaikki aistit avoinna. Parhaimmillaan kokemus korostaa ihmisen ja luonnon erottamatonta yhteyttä. Monien tutkimusten mukaan metsäkylvyt auttavat vähentämään stressiä, parantamaan keskittymiskykyä, lisäämään immuniteettia ja nostamaan mielialaa. Joidenkin tutkimusten mukaan puiden eeteriset öljyt edesauttavat stressin purkamisessa ja laskevat verenpainetta. Jo kahdenkymmenen minuutin päivittäiset kävelyt metsässä lisäävät hyvän olon tunnetta. Kaikki nämä ovat hyviä kokemuksia ikääntyvillekin. Suomessa olemme kaiken lisäksi siinä onnellisessa asemassa, että metsiä on lähellä melkein missä tahansa. Luonnon hyvää tekevää vaikutusta ikäihmisille korostaa myös Ikäinstituutti kampanjassaan Vie vanhus ulos. Kampanjan ideat vaihtelevat luontoelämyspoluista kävelytreffeihin ja historia- ja kulttuurikävelyihin.

Luontomaisema on ikääntyneelle merkityksellinen. Luontoympäristö rauhoittaa sydämen sykettä ja laskee veren- painetta. Luonnossa oleilu ja ulkoilu vähentää stressiä, kohot- taa mielialaa ja parantaa unen laatua. Se myös parantaa keskittymis- ja ongelmanratkaisukykyä ja lisää yhteenkuulu- vaisuuden tunnetta ja osallistumisen halua. Vaikutukset voi huomata paremmin erityisesti niillä ikääntyneillä, joilla on todettu masentuneisuutta. Muistisairaille ikääntyneille vihe- rympäristö tuo myönteisiä tunteita, aistivirikkeitä ja mahdol- lisuuksia palkitsevaan toimintaan.

Green Care -malli-sivustolta

Kun tiedämme, että yhteys luontoon on tasapainottava ja elvyttävä voimavara, miksi ihmeessä sitä ei hyödynnetä paljon tietoisemmin ja tehokkaammin? Vaistomaisesti moni meistä suuntaa ulos luontoon, kun on masentunut, stressaantunut tai kaipaa virkistystä. Silloin kun ei ole mahdollista mennä metsään, puistoon tai rannalle, jo vihreä näköala ikkunasta mahdollistaa luontoyhteyden kokemuksen. Sisustuksen uudet ideat hyö- dyntävät viherseiniä ja useimmissa kodeissa on viherkasveja.

Vihreä hoiva ikäihmisten elämänlaatua parantavana tekijänä on kiinnostava uudenlainen hanke. Löysin sivustolle, joka on tehty Laurea-ammattikorkeakoulun opinnäytetyönä Green Care Karelia -hankkeen toimeksiantona. Sivuston tarkoitus on helpottaa ikääntyneiden hoiva- ja palveluasumisen yksiköitä ottamaan toimintaansa mukaan erilaisia vihreään hoivaan perustuvia toimintatapoja. Luonto- ja eläinlähtöisten menetelmien avulla halutaan tukea ja ylläpitää fyysistä ja psyykkistä toimintakykyä. Tästä kannattaa napata itselleenkin ideoita. Ilmoittauduin saman tien elokuiseen työpajaan aistimaan, liikkumaan ja ihmettelemään luontoa.

Myös kaupunkipuistot ovat elvyttäviä, pienikin puisto kaupunkialueen sisällä voi riittää, toteaa Kalevi Korpela, joka on mm. puhunut kaupunkiympäristöön sijoitettavien pienten taskupuistojen ja viherseinien puolesta ja tuonut yleiseen tietoisuuteen tutkimustuloksia viheralueprosentista, jonka on havaittu olevan yhteydessä koettuun hyvinvointiin, sairastavuuteen ja jopa kuolleisuuteen.

LuontoPortti-verkkolehti

Kypsän iän romantiikkaa

Ei rakkaus katso ikää eikä laske ryppyjä. Tunteet ja kyky rakastaa eivät katoa iän myötä. Vaikka ulkoinen olemus muuttuu, tunne-elämä säilyy voimakkaana ja havaintokyky herkkänä.

Professori Kaarina Määttä

Ajassa, jossa parisuhteet enimmäkseen päätyvät eroon ja miehen ja naisen roolit ovat suuren hämmennyksen pyörteissä, on kummallista löytää ystävä ja kumppani, jonka kanssa haluaa jakaa loppuelämänsä. Jotkut ihmettelevät, miksi kypsässä iässä olevat ihmiset haluavat virallistaa suhteensa. Sitä ei tarvitse tehdä perustaakseen perheen. Ei sukulaisten painostuksesta. Ei kirkon kirouksen pelossa. Ei verohelpotusten takia. Oikeastaan siihen ei ole mitään järkevää syytä. Päätös vaikuttaa myös ympäristöön. Osalle ystävistä syntyy uutta toivoa siitä, että mitä tahansa voi tapahtua koska tahansa. Osa odottaa romanttisia häitä, koska niille on tilausta. Myytti siitä ainoasta oikeasta elää yhä. Kun on jo ollut aiemmassa liitossa, ei myyttikään pelasta. Jokin kuitenkin tuntuu oikealta. Mistään ei ole tulevaisuuden takeita. Kuitenkin ikuisuuden symboli, vanha pyhä rituaali, se mitä miehen ja naisen kumppanuudesta voi ammentaa, vetää puoleensa. Vaikka mikään ei rituaalin myötä muutu, jotain syvenee kuitenkin. Se, että joku haluaa viettää kanssasi loppuelämän, on kova juttu.

Tapasin toisen aviomieheni kypsällä iällä odottamatta ja tilaamatta. Jo jonkin aikaa ennen kohtaamistamme oli nähnyt sydämen muotoisia pilviä, kiviä ja lätäköitä. Ennakoivat ilmeisesti tulevaa yllätystä maailmankaikkeudelta. Heti tapaamisen jälkeen aloimme kirjoittaa päiväkirjaa ja kirjeitä toisillemme. Se oli loistava tapa tutustua uuden ystävän syvimpiin ajatuksiin ja tunteisiin. Jaan muutamia otteita ensimmäisten vuosien tunnelmista.

Olemme onnekkaita niin monessa asiassa. Etenkin siinä lois-tavassa ajoituksessa, jossa kohtasimme. Olemme kumpikin vapaita kauan sitten päättyneistä parisuhteista. Meidän ei enää tarvitse suunnitella lasten hankkimista eikä perustaa uusioperhettä. Tiedämme jo aika hyvin omat hyvät ja haas-teelliset puolemme. Pahimmat särmät ovat hiotuneet elämän kommelluksissa. Olemme nähneet, mihin parisuhteet voivat kaatua ja voimme suunnitella pahimpien uhkien välttämistä.

Hän on laiska ja minä olen koppava ja ahne. Mitä siitäkin tulee?
Lisää laiskuutta ja lisää koppavuutta vai enemmän ahkeruutta ja
vähän enemmän empatiaa? Hän on empaattisempi kuin minä.
Minulla on selkeämmät päämäärät, joiden eteen ponnistelen.
Olisi hienoa tartuttaa toisiimme hyviä ominaisuuksia. Oppia
kannustamaan toisiamme, ei halveksimaan eikä kadehtimaan.
Yhdessä voimme säteillä enemmän.

Emme keskustele päivän juoruista, emmekä poliitikkojen tem-
pauksista. Emme katso kymmenen uutisia, emmekä torku tyl-
sistyneinä sohvalla. Puhumme tunteistamme ja unelmistamme.
Meitä kiinnostaa onnellinen elämä, omamme ja toisten. Suurin
lahjamme on yhteinen aika. Haluan käyttää sen hyvin. En halua
vajota sellaiseen arkeen, jossa uutiset, urheilu tai shoppailu
muuttuvat elämän suureksi sisällöksi. Jokainen uusi päivä on
ihmeellinen lahja, eikä se ole itsestäänselvyys. Jokainen läm-
min hetki toistemme lähellä on mystinen kokemus.

Hän sanoo, ettei kyllästy minuun koskaan. Kysyn, mistä hän
voi sen tietää. Koska hänen intuitionsa kertoo sen, on hänen
vastauksensa. Minulla on vaikeuksia ikuisuuden kanssa. Se on
pelottavan pitkä aika, enkä voi tietää ennalta kuinka muutun.
En uskalla luvata mitään huomista pidemmälle. Tänään minun
suurin haasteeni on olla läsnä tässä ja nyt eksymättä huomi-
sen haaveisiin tai stereotyyppisten odotusten täyttämiseen.

Mitä lähemmäs toista ihmistä pääsee, sitä helpommin mieleen tahtoo hiipiä menetyksen pelko. Kun tämä hetki on niin kaunis, haluaisin pitää siitä kiinni pitkään. Kuitenkin tiedän, että elämä on jatkuvaa muutosta ja muutokselle antautumista. Pelkäänkö huomisen varjoa? Turhaan mietin sitä, kumpi meistä täältä ensin lähtee ja mitä siitä seuraa. Elämä tarjoaa sen, minkä se tarjoaa. Jokainen hetki on uusi ihmeellinen "nyt". Se riittää.

Käyskentelimme vanhalla hautausmaalla. Hän mietti, mikä olikaan sukunimemme menneessä elämässä. Vilkaisin hautakiveä vieressäni ja siinä luki "Joyce". Kävelin vanhan kelttiläisen ristin luokse ja siinäkin luki "Joyce". Tiedän, ettei oma uskontomme puhu menneistä elämistä. Jokin hänessä on kuitenkin niin tuttua, ettei sitä voi järjellä selittää – eikä varmaan tarvitsekaan. Kun katsoin vainajien ikää kuolinhetkellä, nousi kolme kertaa 63-vuotias havahduttamaan huomioni. Jäin miettimään sitä, miten emme voi tietää päiviemme lukua ja vaikka eläisin vain pari vuotta, juuri nyt on aika tallentaa onnellisia muistoja elämän käsikirjaan.

Jokainen uusi päivä on pyhä tila. Tila, jossa emme ole ennen olleet ja jonne emme koskaan enää palaa. Jokainen kohtaamisemme tässä tilassa on tuore ja ainutkertainen. Miten

löytäisinkään ihmetyksen ja kiitollisuuden tähän tilaan ja seu-
raaviin kohtaamisiin, etten hukkaisi uusien mahdollisuuksien
lumovoimaa ennakko-odotuksin, arkisin rituaalein tai kuvitel-
len kaikkea itsestäänselvyytenä. Ehkä yhteinen löytöretkemme
auttaa tavoittamaan jotain siitä, mikä on mystistä ja pyhää.

Mies on rauhan rakentaja. Hän rakastaa historiaa ja jää usein
leppoisasti keinumaan menneisiin hetkiin ja tunnelmiin. Hän
kertoo tarinoita ja muistaa ihmeellisiä asioita. Minä olen kär-
simättömämpi. Tulevaisuuden tekeminen kiehtoo minua.
Lipsahdan ennen aikojani seuraavaan hetkeen ja etsin seik-
kailun aineksia arjesta. Treffipaikkamme on siinä ainoassa
todellisuudessa, joka on. Jostain välimaastostamme se löy-
tyy: NYT.

Olemme löytäneet taikakeinoja parisuhteemme arkionnen
turvaamiseksi. Yhteinen päiväkirja antaa oivalluttavan kohtaa-
mismaaston tunteiden ja näkökulmien jakamiseen silloinkin, kun
tilanne ei antanut myöten niistä kertoa. Päiväkirjan sivuilla mies
ja nainen kohtaavat syyttelemättä ja syyllistymättä, ihmetellen
ja paljon hymyä synnyttäen.

Ilman päivän tähtihetkien jakamista emme kulje unten valta-
kuntaan. Yhtään päivää ei ole mennyt ilman tähtihetkiä. Ilman illan
inventaaria elämän pienet aarteet lipuisivat ohi huomaamatta.

Härän nautinnolla olemme taitavia poimimaan suloiset tuokiot talteen. Vuosien kuluessa jotkut asiat ovat vähän haalistuneet alkuvuosien kokemuksista. Tähtihetkiä on kuitenkin riittänyt joka päivälle, eikä niiden jakamisesta iltaisin ole luovuttu. Kumppanuus on vahvistunut ja kummankin omat roolit ovat selkiytyneet. Jaetut seikkailut maailmalla ovat antaneet elämään enemmän sävyjä kuin kummankaan meistä yksin olisi ollut mahdollista taikoa.

Vaikka jaetut kirjeet ovat jääneet historiaan, uusia parisuhde rituaaleja on löytynyt tilalle. Kuuntelemme yhdessä äänikirjoja, joista riittää keskusteltavaa. Järjestämme puistotreffejä ja pari-suhdeiltoja, yllätyksiä toisillemme. Kuten kaikki ihmissuhteet, parisuhdekin vaatii siihen panostamista. Kypsällä iällä alka-neessa suhteessa on se hyvä puoli, että sitä ei ole rakennettu pelkästään nuoruuden romanttisten haaveiden varaan. Se ei kuitenkaan tarkoita, etteikö annos romantiikkaa kuuluisi kypsän iän suhteeseenkin.

Surullisinta on, jos joutuu luopumaan pitkäaikaisesta elä-mänkumppanista, jonka kanssa on kuvitellut elävänsä elämänsä loppuun asti, kuten saduissa luvataan. Elämä ei useinkaan jätä molempia samaan aikaan. Kumppanin lähtö ja yhteisten arkirituaalien päättyminen jättävät ikäihmisen sopeutumaan uuteen tilanteeseen ja tyhjän tuntuiseen kotielämään. Elämä tarjoilee kuitenkin uusia auringonnousuja ja -laskuja. Kukin joutuu sopeutumaan uuteen tilanteeseen ja löytämään uudet arkirituaalinsa omalla tavallaan. Joskus hyvin valmistautuneena, joskus täysin hämillään ja eksyksissä. Ja joillekin elämällä on vielä romanttisia yllätyksiä vielä tarjolla. Näin kävi Raija Herttuaiselle, joka kertoo:

Olin juuri tullut lonkkaleikkauksesta, kun puhelin soi ja miesääni kysyi Railia. Soittaja paljastui entiseksi kollegaksi, joka oli edesmenneen vaimonsa puhelinmuistiosta katsonut väärän numeron. Kuukauden päästä hän soitti uudelleen ja kysyi pääseekö mukaan, kun menen Havaijille juhlimaan seitsemänkymppisiä. Siellä oltiin yhdessä ja yhdessä ollaan edelleen [neljän] vuoden jälkeen.

Kollegat olivat kyllä sitä mieltä, että niin tarkka mies ei väärään numeroon soita. Myöhemmin mies kertoi, että kysyi Havaijia siksi, ettei voinut kysyä, onko mulla joku mies. Miehen edesmennyt vaimo, joka oli entinen kollegani, oli pitänyt mulle eläkkeellelähtöpuheen ja olin ollut myös hautajaisten vieraslistalla. Mies oli poistanut turhat vieraat listalta, joten ei vielä siellä tavattu. Oltiin oltu samassa koulussa yli 30 vuotta. Ei ikinä olisi tullut mieleenkään romanttinen suhde, ei edes, kun mies leskeytyi. Ensimmäiseltä kollegasyksyltä en edes naamaa muista, kun jäin äitiyslomalle lokakuussa. Hän kyllä, silloin vielä poikamiehenä, sanoi katsoneensa, että näpsäkkä nainen, mutta joku on jo ehtinyt.

Ylikonemestari Jorma J. Kataja haluaa kirjassaan Terveisiä menneestä elämästä, jota olemme eläneet jo yli 70 vuotta puhua vanhuksen kiintymyksistä näin:

Haluan ottaa kantaa iäkkään ihmisen tuntemuksista, eli kiintymyksestä toista sukupuolta olevaan henkilöön. Asiaa paheksutaan joissakin yhteisöissä, varsinkin nuorten kannanotoissa.

Mutta sanoisin, ettei kenenkään pitäisi puuttua toisen henkilön sielun elämään, koska se voi olla yksi ja ainoa henkireikä kovan elämän runtelemassa yksilössä. Se voi saada siedettävämmän loppuvaiheen jäljellä olevalle elämälle. Yleensä se jalostaa sielun elämää ja se jos mikä heijastuu myös ulospäin.

Joten kunnioittakaa ja antakaa heidän elää omaa elämäänsä, ehkä se siitä saavat oman sielun rauhansa.

Paratiisi

Minä haluaisin tavata sinut vasta kuolemani jälkeen, armaani, irtautuneena huolista, kun kaikki hautajaiset olisi käyty, kaikki nurkat siivottu sanomalehdistä, kun perintöhuonekalut olisi sijoitettu, vanhat kirjat jaettu ja metsästä päästy yksimielisyyteen ja mieleni olisi vapautunut intohimoon. Olisi aikaa iankaikkisesti. Ei kiirettä mihinkään. Olisin paratiisikelpoinen.

Eeva Kilpi

Kiinalaisia keinoja hyvinvointiin

Vanheneminen on parhaimmillaan fyysisen ja henkisen suorituskyvyn säilymistä, aktiivista sosiaalista ja luovaa osallistumista korkeaan ikään asti.

Antti Hervonen

Vuosia sitten vein ryhmän Voi Hyvin -lehden lukijoita Hainan saarelle Kiinaan. Saari kulkee lempinimellä Aasian Havaiji ja monessa suhteessa siellä onkin samanlaista luontoa ja turisteille suunnattua viihdettä kuin Tyynenmeren Havaijin saarilla. Hainanilla on myös kylä, joka on tunnettu erittäin vanhoiksi elävistä asukkaistaan. Pääsimme vierailemaan vuoristossa tuolla alueella ja näimme kuvia yli 120-vuotiaista ryppyisistä mutta hymyilevistä vanhuksista. Olimme tietysti kiinnostuneita heidän ruokavaliostaan ja elämäntavoistaan, jotka antaisivat kenties vihjeitä pitkän iän salaisuuksiin. Teimme aamuisin kiinalaisen mestarin ohjaamana taiji-harjoituksia hotellin puistikossa ja söimme monipuolista kasvisvoittoista ruokaa. En muista meidän löytäneen pitkän iän suurta salaisuutta, mutta uskon, että ympäristöllä, yksinkertaisilla elämäntavoilla, liikunnalla ja ravinnolla on laadukkaaseen ikääntymiseen suuri merkitys, ainakin Hainanilla.

Ikääntyvän väestön määrän lisääntyessä maailmassa kiinnostus perinteistä kiinalaista lääketiedettä kohtaan on kasvanut. Brasiliassa tehtiin mielenkiintoinen tutkimus, jossa oli kolmen vuoden ajan mukana kaksi satunnaisesti poimittua vapaaehtoisten ryhmää ikäihmisiä Rio de Janeirosta. Toinen ryhmä harjoitti kiinalaisen perinteisen lääketieteen mukaisia keinoja elämänlaadun parantamiseen, toinen ryhmä ei. Tuloksia mitattiin Maailman terveysjärjestön vanhuksille suunnatuilla elämänlaadun mittareilla huomioiden mahdollinen kulttuurinen poikkeama Brasiliassa. Kaikissa arvioinnin mittareissa tulokset olivat selkeästi suotuisammat kiinalaisia keinoja käyttäneille.

Jo noin 2000 vuotta ennen ajanlaskun alkua ilmestyneessä kiinalaisen lääketieteen "raamatussa" nimeltä The Huang Di Internal Classic kerrottiin siitä, mikä ensisijaisesti aiheuttaa ikääntymisen. Mikäli ihminen noudattaisi kohtuullisuutta niin elämäntyylissä kuin ikääntyvälle sopivassa ruokavaliossa hänen saavutettavissaan olisi 100–120 vuoden ikä. Kirjassa ohjeistetaan sellaisiin käytännön harjoituksiin, joiden avulla luonnostaan 40 ikävuoden jälkeen vähenevät yin- ja yang-energiat säilyttävät tasapainonsa. Juuri epätasapaino aiheuttaa kirjassa kuvatut vanhenemiseen liittyvät ilmiöt. Kahden vastakkaisen voiman yinin ja yangin konsepti on auttanut myös moderneja ihmisiä tarkastelemaan elämänlaatua, ikääntymistä ja sairauksia toisenlaisesta näkökulmasta. Nykyaikainen lääketiede ja terveydenhuolto järjestelmä keskittyy oireiden tunnistamiseen, diagnoosien tekemiseen ja niiden kautta tehokkaaseen sairauksien parantamiseen. Perinteinen kiinalainen lääketiede ei niinkään keskity yksittäisen sairauden hoitoon, vaan koko kehon terveydentilan arviointiin ja sen toiminnan optimointiin. Tavoitteena on ikääntyminen terveenä niin, että mahdollisiin ongelmien aiheuttajiin puututaan ajoissa. Tästä näkökulmasta lääkärille tulisi maksaa siitä, että hän pitää asiakkaansa terveenä.

Perinteinen kiinalainen kulttuuri tarjoaa positiivisen vision vanhuudesta. Säilyttääkseen fyysisen elinvoimansa ja mielensä selkeyden vaikka yli sata vuotiaaksi, täytyy etenkin eläköitymisen jälkeen keskittyä pitämään yllä terveyttä edistävää elämäntyyliä. Ehkäistäkseen kehon ja mielen jäykistymistä, on varmistettava riittävästi lepoa ja unta, sopiva ruokavalio, oikeanlainen hengitystekniikka, mielen rauhoittaminen ja ravitseminen. Sekä mieltä että kehoa on pidettävä liikkeessä niin, että niiden joustavuus säilyy ja joustavuuden myötä elämänenergian ja hyvän verenkierron virtaus. Se, että aiemmin väistämättömiksi ikääntymisen merkeiksi uskomamme sairaudet johtuvat usein aktiivisuuden puutteesta, on tiedetty Kiinassa jo pitkään. Nykyaikaiset tutkimustulokset ovat päätyneet samaan. Säännöllinen liikunta hidastaa vanhenemisen merkkejä, parantaa fyysistä koordinaatiota, tasapainoa, nivelten liikkuvuutta, joustavuutta ja kävelynopeutta. Kehomme pystyy rakentamaan lihaksia missä iässä tahansa. Aktiivisesti liikkuvilla vanhuksilla on vähemmän tyypillisiä ikään liittyviä sairauksia.

Jos on vieraillut Kiinassa, on varmasti nähnyt vanhuksia puistoissa harjoittamassa kiinalaista aamuvoimistelua. Paitsi fyysisten harjoitusten hyötyä, yhteen kokoontuminen ehkäisee yksinäisyyttä ja eristäytymistä. Kiinalaisessa perinteessä vanhuuteen suhtaudutaan tervetulleena elämänvaiheena, kun ihminen on suhteellisen terve. Vanhuus tarjoaa enemmän vapaa-aikaa, mukavuuksia, viisautta ja kunnioitetumman aseman suvussa. Monissa kulttuureissa vanhusten kunnioitus on rapistunut ja ikääntyneitä pidetään nykyajan teknisestä ja digitaalisesta kehityksestä tipahtaneena, sosiaalisena ja taloudellisena painolastina.

Yksi syy, miksi kiinnostus yli 2500 vuotta vanhaa perinteistä kiinalaista lääketiedettä kohtaan on kasvanut johtuu siitä, että pidentyneen elinajan odotuksen myötä kalliit lääke- ja hoitokulut kasvavat. Yhä yleisemmin ajatellaan, että ihmiset ovat oman elämänsä arkkitehtejä ja ikääntyneet voivat selviytyä hyvin ja nauttia elämästään. Vanhusten määrän kasvaessa heidän tulisi itse saada raportoida omasta elämänlaadustaan.

Perinteisen kiinalaisen lääketieteen keinoihin kuuluu mm. akupunktio, itämainen hieronta, akupainanta, yrttilääkitys, itämaiset ruokavaliot ja muita hoitomuotoja, joiden tavoitteena on kokonaisvaltainen hyvinvointi. Perinteiseen ajatteluun kuuluu sairauksien ennalta ehkäisy. Kiinalaista lääketiedettä opiskellaan nykyään monissa maissa. Usein se länsimaissa luetaan ns. vaihtoehtoisten hoitomuotojen joukkoon. Suomen Lääkäriliiton vuonna 2021 vaihtoehtohoidoista lääkäreille teettämästä kyselystä selviää, että akupunktion laajempaa käyttöä harkitsisi 40 % lääkäreistä". Kyselyssä vain 2 % lääkäreistä pitää akupunktiota huijauksena.

Muistan, kun vuosia sitten kuuntelin kiinalaisen naislääkärin luentoa. Hänellä oli sekä länsimaisen että perinteisen kiinalaisen lääketieteen koulutus ja hän oli työskennellyt vuosikaudet Euroopassa. Hän totesi, että hänellä oli kaksi kättä auttaa siinä, missä jomman kumman koulutuksen hankittuaan hänellä olisi vain yksi käsi. Meitä oli koolla ryhmä keski-ikäisiä naisia, jotka saimme lääkäriltä erinomaisia ohjeita vaihdevuosien varalle. Miksemme hyödyntäisi terveytemme ylläpitämiseksi kaikkia niitä keinoja, jotka on todettu toimiviksi?

Lähteinä

https://www.ncbi.nlm.nih.gov/pmc/articles/PMC2981102/

https://onlinelibrary.wiley.com/doi/full/10.1002/ agm2.12077

Peter Deadman, 2016: Live Well Live Long: Teachings from the Chinese Nourishment of Life Tradition

Ikäihmisten uudet heimot

Köyhyyttä on se, ettei ole yhteyttä ihmisiin, joiden kanssa jakaa ilot ja surut.

Arto O. Salonen

Ikääntymiseen kuuluu myös luopuminen monista asioista. Tuskaisinta on läheisen ihmisen kuolema, jonka eteen jokainen väistämättä joskus joutuu. Mitä iäkkäämmäksi elää, sitä pienemmäksi ikätoverien joukko hupenee. Ihminen tarvitsee yhteisön. Tässä ajassa voi löytää myös uusia heimoja, joihin liittyä.

Kautta historian ihmiset ovat jakaneet tarinoita ja oppineet nuotion äärellä. Uuden teknologian avulla voimme olla erilaisin tavoin yhteydessä toisiimme ja jakaa tarinoita. Markkinointitutkimukset osoittavat, että hopeahapsien ikäpolvi omaksuu uuden digitaalisen elämäntyylin ja uusia vuorovaikutuksen ja tiedonhankinnan keinoja nopeasti. Sosiaalisesta mediasta löytyy bloggaavia vaikuttajamummoja tai Instagram-tilejä, joiden kuvat viestivät vanhojen tapojen muutoksesta.

Ihmiset ovat nykyään transmedian käyttäjiä – sekä median tuottajia että kuluttajia samaan aikaan. He voivat tuottaa, vaihtaa ja kuluttaa transmedian aikakaudella erilaisia sisältöjä kuten valokuvia, tekstejä, videoita, animaatioita, podcasteja, pelejä, webbisivuja, musiikkia ja kuunnelmia keskenään hyvin joustavasti.

Transmediassa kuka tahansa terveydentilasta, iästä, sosiaalisesta asemasta tai muusta taustatekijästä huolimatta voi olla merkittävä tekijä ja vaikuttaja. Nettisukupolvelle uudet digi-innovaatiot ovat arkipäivää ja se omaksuu uudet toimintatavat nopeasti. Samoin myöhäiskukoistuksen ajan "harmaa pantteri" voi luoda oman transmediaprojektinsa.

Cristina Anderson ja Jari Kaivo-oja: BoHo Business. Ihmiskunnan

voitto koneesta.

Loputon ja rajaton transmedia mahdollistaa meille aivan uudenlaisia vuorovaikutuksen mahdollisuuksia. Löydämme hengenheimolaisia täysin vieraista ihmisistä. Maantieteellisillä etäisyyksillä ei ole merkitystä. Koska kehitys on tavattoman nopeaa, minusta tuntuu, että on hyvä pysyä jollain lailla mukana tässä muutoksessa. Luonnollisesti monet ovat huolissaan yksityisyydestään, mutta kaikkea ei tarvitse itsestään kertoa. Parhaimmillaan saamme kehityksen myötä parempia palveluita ja viihdettä ja löydämme kiinnostavia, uusia heimoja, joiden virtuaalinuotioilla jakaa tarinoita, saada vertaistukea ja löytää pakopaikka yksinäisille hetkille.

Olen hakeutunut sosiaalisessa mediassa erilaisiin ikääntyvien Facebook-ryhmiin. Facebookissa on ryhmiä 50+-ikäisille, 40-luvulla syntyneille ja 30- ja 40-luvulla syntyneille. Niiden aktiivisesta keskustelusta saa jonkinlaisen käsityksen siitä, mitkä asiat korostuvat ihmisen vanhetessa. Elämä pandemian takia eristyksissä toi sosiaaliseen mediaan mukaan sellaisiakin ikäihmisiä, jotka eivät aiemmin siellä olleet. Se, että voi jakaa huolia ja iloja tuntemattomien ikätovereiden kanssa lisää turvallisuuden tunnetta ja karkottaa yksinäisyyttä. Somevanhukset ovat löytäneet omat heimonsa, mutta miten muuttui kaikkien niiden ikääntyneiden elämä, joilla ei ole mahdollisuutta tai taitoja liikkua digitaalisten ulottuvuuksien äärellä?

Ruotsalainen Dagny Carlsson täyttää kohta 109 vuotta. Hän haluaa edelleen vaikuttaa asioihin yhteiskunnan aktiivisena jäsenenä. Se, että hän on innokas bloggaaja, antaa hänelle tähän mahdollisuuden. Dagny antaa ajattelun aihetta suurelle joukolle bloginsa seuraajia.

Olen kauhean vanha, mutta en tunne itseäni vanhaksi. Haluan tulla kohdelluksi kuten kuka tahansa ihminen, ei vanhana fossiilina. On varmaan monia kuten minä. Meidän pitäisi järjestää mielenosoitus ja tehdä niin kuin nuoret, protestoida kovaan ääneen ja vaatia, että meitä kuunnellaan. Miksi eläkeläisten täytyy maksaa enemmän veroja kuin työssäkäyvien? Kysyn vain.

Kehotan kaikkia vanhoja tätejä vaatimaan oikeuksiaan. Eikä olisi hullumpaa, jos vanhat papat tekisivät samaa. Silloin meitä kuunneltaisiin paremmin.

50+-ikäisten naisten ryhmässä monilla tuntuu olevan ulkonäköpaineita. Mielellään jaetaan kuvia itsestä hyvin pukeutuneena ja nuorekkaana ja selkeästi odotetaan hämmästyneitä kommentteja ja kehuja. Toisaalta ryhmän jäsenet jakavat myös yllättävän avoimesti karuja kohtaloitaan, onnettomia avioliittojaan ja vakavia sairauksiaan. Eläkkeelle jääminen tuntuu olevan monille pelottava asia ja halutaan kuulla jo eläköityneiden kokemuksia uudesta elämänvaiheesta. Vähän iäkkäämpien ryhmissä ulkonäköasioista on tullut vähemmän tärkeitä. Jaetaan enemmän ilonaiheita, kerrotaan merkkipäivistä ja sukulaisten kohtaamisista, lapsenlapsista, puutarhoista ja lemmikeistä. Kun joku kertoo puolison kuolemasta, hän saa luonnollisesti paljon sympatiaa. Aletaan muistella enemmän menneitä. Jotenkin jutustelu näissä ryhmissä on herttaista. Siellä toivotetaan hyvää yötä ja jaetaan ihan tavallisia arjen kuulumisia.

Jossain puolivälissä tätä kirjaa minusta alkoi kehkeytyä vanhusradikaali. Niin kauan kun terveyttä, taloudellista turvaa ja ystäviä riittää, kaikki ikäihmisen elämässä on hyvin. Mutta kun korkean iän saavuttanut ihminen muuttuu toimenpiteiden ja hoitoepisodien kohteeksi, kulueräksi ja objektiksi, asenteissa on paljon korjaamisen varaa. On päästävä mukaan ideoimaan, vaikuttamaan, varmistamaan ihmisarvoisen, hyvän vanhuuden toteutumista. On saatava ääni kuuluville siellä, missä vanhusten tulevaisuudesta päätetään. Ehkä vain välillisesti, mutta enemmän kuin vain äänestämällä kunta- ja eduskuntavaaleissa. Sosiaalinen media ja transmedia mahdollistavat meille äänemme kuulumisen. Jotkut ovat jo ryhtyneet toimeen. Seija Kurunmäki valjasti mummojen verkostot hommiin. Leena Peltosaari ajoi eläkeneuvostolle puhe- ja äänioikeutta kaupungin lautakunnissa. Kuka ehdottikaan Suomen Eldersin perustamista? Jenni Spännäri? Vanhojen viisaiden neuvostoa tarvitaan tuomaan omia näkemyksiään esille. Koska voisi olla parempi aika kuin nyt, eläkeläisten määrän ollessa kohta huipussaan? Vaikka keho ei enää liikkuisi yhtä ketterästi kuin nuorena, aivot ovat vielä notkeat. Ne osaavat myös poimia tietoa ja kokemuksia valtaisista arkistoistaan. Kyky visioida ja unelmoida ei ole jäänyt eläkkeelle.

Hyvinvointiyhteiskunnassa olemme saavuttaneet jotain aivan käsittämättömän hienoa: korkean iän unelman. Sitten me teemme elämästä siinä iässä jotain aivan kummallista, elämätöntä hoitoepisodien odottelua.

Jaana Utti

Nyt yliopistoon!

En tiedä, miten olin onnistunut välttämään tietoa Ikääntyvien yliopistosta. Jostain idea vihdoin putkahti vastaan ja aloin selvittää lisää. Näin Omnia kuvaa tarjontaa esittelyssään:

Ikääntyvien yliopisto on tieteellisen tiedon ja elämänkokemuksen kohtaamispaikka. Luennoilta, seminaareista ja opintopiireistä ammennat tietoa ja ymmärrystä. Oivalluksia, kohtaamisia, ystäviä, keskustelua, hersyvää naurua ja vakavaa pohdintaa: uuden oppiminen on elämän suola läpi elämän!

Ikääntyvien yliopisto tarjoaa uutta kriittistä, akateemista tietoa, jota tarkastellaan henkilökohtaisen elämänpolun ja -kokemusten kautta. Aiheitamme ovat esimerkiksi maat, kulttuurit ja uskonnot, yhteiskunnalliset aiheet sekä terveys ja hyvinvointi. Suunnittelemme opinnot yhdessä!

Olet tervetullut ikääntyvien yliopistoon riippumatta pohjakoulu-
tuksestasi, ammattitaustastasi tai aikaisemmasta opiskelu-
historiastasi. Tarjoamme yliopistotasoista opiskelua ilman
opintosuoritusten tai tutkinnon suorittamisen pakkoa.

Kuulostaa erinomaiselta, joten otin yhteyttä Omnian Saara
Patoluotoon. Halusin myös haastatella yliopiston opiskelijoita
kuullakseni heidän kokemuksistaan. Tällaisia kokemuksia oli
Jussi T. Ravelalla:

Olen 74-vuotias eläkkeellä oleva insinööri. Olen koko aikui-
sikäni (osin jo aiemmin) ollut kiinnostunut historiasta, kir-
jallisuudesta, politiikasta, kulttuurista laajemminkin. Tästä
huolimatta valitsin opintoaiheekseni ja ammatikseni insinöö-
rialan. Tämä kiinnostukseni piti minua pinnalla työurani ajoit-
tain harmaiden jaksojen aikana ja parhaimmillaan auttoi jopa
inspiroitumaan kun työt vaativat innovatiivisuutta. Näin uskon!

Jäätyäni lopullisesti eläkkeelle 2014, vaimoni suosituksesta ja
neuvosta aloitin luentojen seuraamisen Espoon Työväenopiston
/ Omnian Ikäihmisten Yliopistossa. Ilmeisesti vaimoni halusi
saada minut pois jaloista tai sitten hän ennakoi kaikkia niitä
vaaroja, mitkä joutilasta miestä uhkaisivat. Kyllä itsekin halu-
sin saada sisältöä elämääni ja jotain rytmitystä muuten tyh-
jäksi jäävään viikko-ohjelmaan. Ensimmäinen seuraamani

luentosarja oli syksyllä 2014 'Venäjän nykytilanne', tms. otsikko. (Oho, olisiko syytä päivittää!?)

Sen jälkeen seurasin Tapiolassa kaikki kevään ja syksyn keskiviikkoiset luennot. Jossain vaiheessa siirryin myös Mäkkylään seuraamaan siellä tiistaisin pidettäviä aiheiltaan vähän poikkeavia luentoja. Pari vuotta olen seurannut Tapiolassa torstaisin myös ikäihmisille tarkoitettuja terveysaiheisia luentoja. Kyllä viikkokalenterini on ollut hyvin tahdistettu! Vain muutamilta luennoilta olen ollut poissa matkojeni takia.

Ikäihmisten yliopiston luennoissa minua on innostanut erityisesti luennoitsijoiden korkea (yliopisto-)taso ja hyvin valmistellut luennot.

Aina on löytynyt uutta, luovaa näkökulmaa. Hyvää on ollut myös se, että olemme (me opiskelijat) päässeet itse vaikuttamaan seuraavan lukuvuoden luentosarjojen aiheisiin.

Toinen haastateltavani Timo Karjalainen uskoo, että opiskella ja liikkua kannattaa ikä kaikki. On hyödyllistä, että pitää kunnostaan huolta niin kaulasta alas- kuin ylöspäinkin. Sotealalla työskennellyt Timo on kiinnostunut monista asioista. Vähän aikaa juteltuamme ymmärsin, että olin tavannut ikuisen maailmanparantajan. Häneltä jäi vielä työelämässä ollessaan väitöskirja kesken ja nyt hänen salainen haaveensa on punoa tutkimuksensa aineksista langat yhteen johdonmukaiseksi kokonaisuudeksi noudattaen kurinalaista tieteellistä rakennetta niin, että teoksen voi julkaista akateemisesti hyvin perusteltuna kirjana tai tieteellisenä artikkelina. Tätä tavoitetta varten Timo Karjalainen on osallistunut tietokirjailijakursseille. Häntä kiinnostaa myös tietoteoria ja logiikka. Hän koki erittäin kiinnostavana kurssin, joka käsitteli filosofeja eri aikakausina. Kiinnostavan kokonaisuuden jatkoksi hän on ollut mukana suunnittelemassa seuraavan kauden teemaa. Uuden kurssin aiheena on ihmisten hyvinvointi ja onnellisuus. Timo uskoo näistä aineksista rakentuvan toimivan eloonjäämisopin. Hänen ajatusmaailmassaan yksi osa todellisuutta on kiistatonta ja kaksi osaa ristiriitaista, mutta niiden ei tarvitse käydä kamppailua keskenään.

Kun keskustelun aihe siirtyy vanhuuteen, Timo Karjalainen arvostelee vuosien kokemustensa pohjalta kuntien vanhustenhuollon politiikkaa ja sen asiakasmaksuperusteita. Hänen mielestään linjaukset ovat keskeneräisiä ja valtiovallan tulisi tuottaa muutakin kuin kulueriä. Viisaus on syytä valjastaa mukaan, sillä suomalaisilla olisi paljon yhteisiä etuja ajettavana. Kestävyysvajeohjelma kaipaisi rakentavaa ajattelun keikausta. Palvelumissio ikääntyville olisi myöhäiskasvatusohjelma samaan tapaan, kuin aikanaan toteutettiin varhaiskasvatusohjelma. Ihmisten tulisi saada toteuttaa itseään vielä ikääntyneinäkin.

Koronapandemia on tuonut hyviäkin asioita elämäämme. Opiskelun muuttuessa valtaosin verkkokoulutukseksi, yhä useammat voivat osallistua etäisyyksistä huolimatta. Aloin jo itsekin suunnitella mielenkiintoisten aiheiden pariin hakeutumista, vaikka luennot olisivat toisella paikkakunnalla. Yhteisesti kiinnostavien aiheiden äärellä myös ikuiset maailmanparantajat voivat ideoida tapoja viedä kehitystä eteenpäin. Ehkä tästä löytyy mahdollisuus rakentaa Suomen Elders verkostoa, ikääntyneiden viisasten neuvostoa, joka näkyy ja kuuluu isommin kuin kukaan meistä yksin.

Tarinoita menneisyyden usvista

Minun muistini harhailee, se vaeltaa jossakin, jossakin hyvin kaukana. Se on rauhaton, se pyrkii ulos minun aivoistani. Sillä on pakottava tarve tulla kuulluksi. Joskus se tulee kuin vuolaana virtana, toisinaan sen tielle syntyy karikoita, joista on vaikea selvitä. Mutta aina sen kanssa ei voi neuvotella, se tulee ja menee, se vaeltelee, eikä sille esteitä riitä.

Toisinaan sen vaellukset tyydyttävät minua ja silloin ne saavat aikaan rakkaita tunteita. Ne ovat hetkiä, joista haluaisin nauttia mahdollisimman kauan. On Luojan lahja, että muistot säilyvät, kun keho rapistuu ja sen toiminta kuihtuu pois, ja silloin kuitenkin jäljelle jäävät nuo aivojen säilyttämät rakkaat muistot.

Jorma J. Kataja kirjassaan Terveisiä menneestä elämästä, jota
olemme eläneet jo yli 70 vuotta

Nopea hoksaaminen ja lyhytkestoinen muisti heikkenevät iän myötä. Lapset ja nuoret ovat hyviä muistamaan uutta merkityksetöntäkin tietoa, minkä huomaa esimerkiksi muistipeleissä, ja lapset oppivat helposti uusia tapoja tehdä asioita.

Iäkkäiden vahvuuksia ovat uuden tiedon sitominen vanhaan tietoon, kokonaisuuksien hahmottaminen sekä syyseuraussuhteiden käsittäminen. Iäkkäillä on kristallisoitunutta älykkyyttä, vuosien myötä kertynyttä syvällistä ymmärtämystä.

Aivotutkija Minna Huotilainen

Kaikki ne tarinat, joissa olemme olleet mukana, muuttuvat ajan myötä. Joitain asioita emme halua muistaa, joitain mielemme on muovannut haluamallaan tavalla. Joihinkin liittyy vahvoja tunteita, joitain emme muista enää lainkaan. Luulemme, että kuvailemme samaa tapahtumaa ja yllätymme siitä, että tarinamme kuulostavat niin erilaisilta. John O'Donohue kuvailee ihmisen muistia kirjassaan Anam Cara hienostuneena, pyhänä ja henkilökohtaisena. Sillä on omanlaisensa valikoivuus ja syvyys.

Ihmismuisti on tunteen ja herkkyyden sisäinen temppeli. Tuossa temppelissä erilaiset kokemukset kerääntyvät niihin kytkeytyvien tunteiden ja muodon perusteella omiksi ryhmikseen.

Vanhan iän kauneuteen sisältyy mahdollisuus vierailla hiljaisuudessa oman sisäisen muistinsa asuinsijoilla. Ihminen voi käydä uudelleen menneisyydessään.

Samoin kuin tulevaisuuden unelmat, myös historian mielikuvat ovat ikiomiamme. Vierailemme yksin eilisessä ja vierailemme yksin huomisessa. Elämä ja kohtaamiset tapahtuvat näiden kahden kuvitelman välissä. Tässä ja nyt yksinäisyys voi hetkeksi väistyä kosketuksen, eläytymisen tai oivalluksen tieltä. Keräämme näitä palasia ja saman tien ne karkaavat omille reiteilleen jättäen muistijäljen, joka muuttuu etäisyyden kasvaessa.

Muistatko kuten minä

Vai muistatko toisin:

Kuolleiden koivujen puisto

Peilit tyhjissä huoneissa

Tunsitko kuten minä

Vai tunsitko toisin:

Luhistuneen patsaan

Anova katse taivaalle

Näitkö sen kuin minä

Vai näitkö toisin aivan:

Vaeltavat linnut,

Jotka nukkuu taivaalla

Uskoitko kuin minä

Itseesi uskoitko:

Vartalon verhottuun kaareen

Silmän syvyyteen

Olitko siellä kanssani

Olinko sittenkin yksin:

Kolean keskipäivän kujat

Harmaaksi kalkitut

Oliko samaa sinun pelkosi

Vai jotain outoa, omaasi:

Sotilaitten askeleet

Huudot, kirveltävä savu

Ja ikkunassa hahmo

Ehkä sinun hahmosi:

Kääntymässä pois

Kenties kieltäen kaiken

Kuuntelitko ne huudot

Vai suljitko korvasi

Yö kun kuljetti pois

Kaiken väen kuin omakseen

Haistoitko kummat kukat

Vai olitko turtunut

Ammuttu vanha Aleksei

Tuoliinsa köytetty

Loputtomat torit, kuljitko

Samoin risaisin kengin

Tyhjät aukiot, märät

Roikkuvat julisteet

Oliko sylini lämmin

Vai viluasiko värisit

Vanhan plataanin varjo

Kirje kadonneelta veljeltä

Ja leivän kuiva kuori

Tunsitko, oli suloinen

Neljännen päivän aamuna

Oli haudat vielä tyhjät

Itkitkö samaa surua

Vai oliko sinulla omasi

Kielletty nauru ja rakkaus

Joku yksinäinen lapsuus

Ja samako hiljaisuus piiritti

Vai kuulitko sävelmän jonkin

Kevätpäivän loistossa

Yllä kuolevan kaupungin

Annoitko saman lupauksen

Vallassa saman näyn

Korkealta ja raskaana

Satavan uhman ja kaipauksen

Karkasitko kuten sovittiin

Tänne kauas, tähän paikkaan

Tyhjän kirkon torni hauras

Juna tuoko sinua

On suihkulähde kuivunut

Ja oksat sen yllä kuolleet

Onko henkesi tulessa vielä

Ja tulemme yhtä liekkiä

Y. W. Yrjänä

Monilla meistä on myös tuskallisia muistoja menneisyydestä. Koettuja ristiriitoja ja ihmissuhdedraamoja. On valintoja, joita olisimme sillä elämänkokemuksella, joka meillä nyt on, toivoneet tehneemme toisin. Menneisyys on voinut jättää varjon elämäämme, mutta on mahdollista muuttaa suhteemme siihen. Joskus tarvitaan ammattiauttajia ja monet ovat hyötyneet terapiasta. Kynnys hakeutua terapiaan ei tänä päivänä ole kummainenkaan. Iän myötä löydämme ehkä enemmän armollisuutta itseämme ja toisiamme kohtaan. Se, mikä nuorempana tuntui mustaakin mustemmalta, on kenties ajan myötä haalistunut vaalean harmaaksi elämämme räsymaton kudelmissa. Joskus on mahdollista pyytää ja antaa anteeksi draaman osapuolten kesken. Vaikkei se olisikaan mahdollista, voimme käyttää rituaaleja ja kokeilla mielikuvituksen voimia.

Lohdullinen on myös John O'Donohuen kelttiläiseen viisauteen perustuva teksti Anam Caran luvusta Sielu muistin temppelinä:

Vanhuus, eli elämän elonkorjuu on aikaa, jolloin erilaiset elämänajat ja niiden osaset kerätään yhteen. Tällä lailla ihminen kokoaa itsensä ja löytää itsestään uutta voimaa, tasapainoa ja ykseyttä, jollaisesta hänellä ei ollut tietoakaan silloin, kun hän vielä kiiruhti päivästä toiseen. Vanhuus on kotiinpaluun aikaa, jolloin ihminen pääsee oman syvemmän luontonsa tykö, kun hän keskittyy kulkemaan muistinsa temppelissä, jonne kaikki menneet päivät ovat kerääntyneet häntä odottamaan.

Vapautumisrituaaleja

Vanhuus on luonnollinen osa ihmisenä olemisen lahjasta ja taakasta.

Irja Kilpeläinen: Viisaat vuodet

Mitä jos vanhuuden lahja onkin se, että voi päästää irti kaikesta, mikä ei ole tuntunut omalta? Pekka Sauri kuvaa podcastissaan Lohdullinen teoria elämästä vanhuutta vapautustarinana. Silloin voi vaeltaa ilman painavia matkatavaroita. Voi luopua tarpeesta päteä, täyttää muiden odotuksia ja osoittaa olevansa joku, joka tekee tärkeitä asioita. Vanhana voi ilmentää kirkkaammin omaa itseään.

Kurkistetaanpa Heinrich Zimmerin avulla elämän neljään päävaiheeseen, joita on kuvattu hindulaisessa filosofiassa.

Ensimmäinen on opiskelun, oppijan ja oppilaan vaihe. Elämän aamussa täytyy lähinnä totella opettajan käskyjä, kuunnella tämän oppitunteja, alistua arvostelulle ja noudattaa periaatteita.

Toisessa vaiheessa, elämän keskipäivässä, aikuiseksi kasvaneesta [miehestä] tulee kodin pää, hän menee naimisiin ja huolehtii perheestään. Hän hoitaa omaisuuttaan miten parhaiten taitaa, auttaa pappien ylläpidossa, harjoittaa ammattiaan, myöntyy yhteiskunnan vaatimuksiin ja asettaa niitä muille. Hän suostuu pitämään sosiaalisia naamioita, jotka määräävät hänen tehtävänsä yhteiskunnassa ja perheessä.

Myöhemmin, kun lapset ovat valmiita ottamaan vanhempiensa paikan, elämänsä iltapäivään ehtinyt [mies] voi jättää kaikki yhteiskunnalliset velvollisuutensa, perheeseen liittyvät tehtävät ja taloudelliset huolet, ja niin hän ryhtyy erakoksi. Se on "metsään lähtemisen" vaihe, jossa hiljentymisen ja mietiskelyn avulla opitaan tutustumaan siihen, mikä on alusta saakka pysynyt muuttumattomana meissä ja odottaa herätetyksi tuloaan: ikuinen Minä, joka on naamioiden, virkojen, identiteettien ja tarinoiden yläpuolella.

Erakkovaihetta seuraa lopulta pyhiinvaeltajuus, jonka on tarkoitus olla elämän päättymätön ja loistava kesäilta; elämän,

joka siitä lähtien koostuu vaeltamisesta (tämä on kiertelevän
kerjäläisen vaihe), jossa loputon kävely sinne tänne edustaa
sanoin kuvaamattoman Minän ja Maailman kaikkialla läsnä
olevan syvimmän olemuksen käymistä yksiin. Viisas on siis
luopunut kaikesta. Tämä on korkein vapaus: täydellisen irtau-
tumisen vapaus.

Minua ei enää sekoiteta itseeni eikä maailmaan. Koska en
välitä menneisyydestä enkä tulevaisuudesta, olen pelkkää
yksiin käymisen ikuista nykyhetkeä.

Frédéric Grosin kirjasta Kävelyn filosofiaa

Jos elämä olisi koulu, mitkä olisivat kolme tärkeintä asiaa, jotka
haluaisit sen aikana oppia? Sen jälkeen kun tämä kysymys oli
laskeutunut mieleeni, ihmettelin sitä, miten vähän aikaa tällaiseen
ajatteluun elämässään on tullut käytettyä. Mutta kun kysymys
tulee omalle kohdalle, siihen iän tarjoamien kokemusten myötä
löytyy yllättävän nopeasti vastauksia. Omat elämänkoulun
haasteeni ovat liittyneet aikaan ja sen myötä läsnäolon taitoon
ja oleelliseen keskittymiseen. Jos on luonnostaan aika nopea
otteissaan ja innostuu monenlaisista ideoista, lipsahtaa koko
ajan vähän itsensä ulkopuolelle. Olen yrittänyt mahduttaa yhteen
elämään useamman elämän ainekset ja paitsi läsnäolon taitoa,

opiskelen edelleen sen tunnistamista, paljonko on riittävästi. Jos on liian ahne elämälle, sen parhaat hetket liukuvat liian nopeasti käsistä. Kehon väistämättä muuttuessa kankeammaksi, fyysisten suoritusten vauhti hidastuu. Sen hyväksyminen ei ole helppoa ja kuitenkin se on osa koulumme oppiaineita. Tavoitteena on saavuttaa tasapaino tekemisen ja olemisen välillä. Sen myötä ehkä alkaa hahmottua sellainen ajatus, ettei elämä olekaan pelkkää suorittamista. Alkaa kaivata opettajia, jotka antaisivat viisaita neuvoja hitaampaan elämään. Sellaiseen, jossa voi olla ajatukset kirkkaina levollisesti ja luottavaisena läsnä. Onko mahdollista luopua omista kohtuuttomista odotuksista ja sellaisesta harhasta, ettei vielä ole riittävä, on tultava joksikin ja tehtävä vielä lisää? Onko mahdollista kehittyä viisaaksi tietäjävanhukseksi niin kuin Paavo Joensalo itselleen toivoo? Tai kun seuraavan kerran olen määrittelemässä itselleni titteliä johonkin, voisinko hyvillä mielin kirjoittaa siihen vanhus? Samalla vahvistaisin sellaista uskomusta, että se on luonnollinen elämänvaihe ja sinänsä jo jotain arvokasta. Olen selvinnyt oppilaan vaiheestani ja huolehtinut osuudestani elämän keskipäivässä. Uudessa vaiheessa olen vapaa jättämään menneet identiteetit ja tarinat jälkeeni ja vaeltamaan niiden takaa löytyvän Minän kanssa askel kerrallaan löytöretkellä miettimättä mihin ja miksi on menossa?

Ota selvää siitä, mitä elämä on. Jonain päivänä tulet luopumaan fyysisestä kehostasi. Ota selvää siitä, mitä sinulle tapahtuu, kun kuolet. Pystyt sen tekemään. Selvitä, oletko kuolematon vai et. Voit tehdä sen, kun käännyt sisäänpäin ja mielesi tulee riittävän hiljaiseksi. Sen jälkeen et enää pelkää kuolemaa. Silloin sinusta tulee joku, joka asuu sisälläsi... Sinusta tulee elämän myönteinen. Sitä hengellinen elämä on.

Satguru Sivaya Subramuniaswami

Vanhuus tarjoaa uudenlaista vapautta ja sen menneet kokemukset näkemystä. Parhaimmillaan elämä on lujittanut luottamusta siihen, ettei ole vääriä kokemuksia, kaikesta selviää tavalla tai toisella. Kaikesta voi oppia ja oppimaansa voi hyödyntää. Keho on kuin vanha vaate, joka ajan myötä kuluu. Sisäinen maailma voi ulkoisen rapistumisesta huolimatta olla nuorekas, vireä ja utelias elämälle. Lähes kaikki kohtaamani vanhukset myönsivät tuntevansa iän vaikutukset fyysisessä olemuksessaan, mutteivät silti kokeneet itseään mieleltään vanhaksi. Se, miten kypsässä iässä uskaltaa elää omannäköistä elämää, vaatii rohkeutta. Rohkeutta viis veisata siitä, mitä muut ajattelevat. Luovuutta tarttua sellaisiin mahdollisuuksiin, jotka vielä ovat olemassa. Aktiivisuutta ilmaista itseään ja mielipiteitään. Taitoa ja halukkuutta pysähtyä ja tutustua itseensä vanhana viisaana naisena tai miehenä.

Uskon, että me tunnistamme elämässä välitilan, jossa emme enää ole se, joksi itseämme luulimme, mutta emme myöskään tiedä, millainen vanhus meistä on tulossa. Tässä kiinnostavassa elämänvaiheessa tuttu ja turvallinen alkaa liueta jonnekin kauemmas ja uudet kysymykset nostavat päätään. Voi olla, että mielen valtaa hämmennys ja meistä tulee haavoittuvaisempia. Se kuuluu siirtymävaiheeseen. Joskus on hätkähdyttävää, kun näkee oman vanhempansa peiliin katsoessaan tai kuulee puhuvansa kuin tämä teki. Jos olemme onnekkaita, meillä on rohkaisevia edelläkävijä esimerkkejä, joilta voimme oppia. Tiedossani ei ole mitään syytä, miksei oma intuitio toimisi edelleen, jos olemme oppineet kuulemaan sitä.

Suosittelen meille kaikille myös sinunkauppoja menneisyytemme kanssa, että voisimme vapautunein mielin suunnata katseemme tulevaan. Napata matkaamme ne taidot ja opetukset, jotka eilinen meille lahjoitti. Voi olla, että tarvitsemme joitain anteeksianto- ja vapautusrituaaleja päästääksemme irti ikävien muistojen taakasta. Se keventää askelia kummasti. Ja pieni kiitosrituaali kaikesta hyvästä ja hyödyllisestä on aina paikallaan.

Luovuus ei jää eläkkeelle.

Aino Räty-Hämäläinen

Sisältäni portin löysin

Melkein huomaamattoman

Kun sen läpi hiljaa nousen

Näen toisin maailman

Värit kauniit vastaa huomaan

Kuulen äänet kirkkaammat

Jätän soinnuttomat laulut

Jätän varjot hoippuvat

Jokin säteilee ja loistaa

Alta kuoren synkänkin

Kun sen huomaan kevyemmin

Ajatukset liikkuvat

Meidän värit ylös virtaa

Ja yhteen sulautuu

Kaikki toistaan koskettaa

Kaikki aamuun kurkottuu

Pekka Streng

Ihminen on tanssiva tarinakirja

Tanssin merkitys joidenkin ihmisten elämässä on valtava. Jaana-Mirjam Mustavuori on yksi näistä ihmisistä. Hän inhosi koulun voimistelu- ja urheilutunteja, mutta ensimmäinen kokemus tanssillisesta liikunnasta yhdeksän vuotiaana lumosi hänet niin, että opettajakin sen huomasi. Koska hän kasvoi uskonnollisessa yhteisössä, jossa tanssi oli syntiä, hänen seuraavat kokemuksensa tanssin parissa saivat odottaa opiskelijaelämään asti. Silloin hän usein tanssi illasta aamuun asti. Kreikassa hän voitti tanssikilpailun parinsa kanssa. Kuitenkaan hän ei silloin vielä tiedostanut tanssin merkitystä elämässään.

Havahtumisen hetki tuli myöhemmin 80-luvulla, jolloin Jaana-Mirjam kuuli ensimmäisen kerran kuubalaista musiikkia kadulla. Esiintyjänä oli suomalainen bändi, jonka jäsenten kanssa hän tanssi koko illan ja yön ja vielä aamullakin. Hän kulki kuukauden heidän kanssaan rytmikkäästä, sensuellisesta musiikista nauttien.

Jaana-Mirjam kuvailee tätä vaihetta tanssiin uskoon tulemiseksi. Sen jälkeen hän kävi kaikki kuubalaisen tanssin kurssit. Hän huomasi kuitenkin tanssivansa mieluiten luontaisesti intuition ohjaamana, ei valmiiden koreografioiden mukaan. Hänen on ollut jopa vaikea oppia askelia, liikeimprovisaatio on hänen juttunsa. Niinpä hän opiskeli paljon tunteiden ilmaisemista tanssin avulla ja alkoi ohjata sellaisia kursseja aikuisille.

Jaana-Mirjam kuvaa tanssia myyttisenä maailmana, joka on ihmiskunnan vanhinta perintöä, perusihmisyyttä. Harmillista kyllä meidän oma kulttuurimme on irrottanut meidät sen aistillisuudesta, ilmaisun ilosta ja kukoistuksesta. Suomalaiset kävelevätkin eri tavoin, kuin sellaisissa maissa, joissa tanssi on luonnollinen osa kulttuuria. Jaana-Mirjamkin kuvaa itseään tyypillisenä kulttuurimme lapsena, päänkantotelineenä ennen tanssin löytämistä elämäänsä. Meillä kulttuurin alatkin vaativat edustajiltaan perinpohjaisen koulutuksen.

Afrikassa Beninissä Jaana-Mirjam sai jälleen voimakkaan kokemuksen tanssin sytyttämänä. Nyt vuorossa olivat afrikkalaiset rytmit. Suomalais-afrikkalaisessa kulttuurikeskuksessa Villa Karossa oli hyvä bändi ja haitilaisesta voodoo-kulttuurista kotoisin olevan tanssin rytmit tempasivat Jaana-Mirjamin mukansa jälleen. Hän koki huikeaa iloa ja kohtalo puuttui nyt tosissaan peliin. Beniniläinen muusikko katsoi ihmeissään hänen tanssiaan eikä voinut ymmärtää, miten länsimaalainen nainen voi tanssia noin. Mies tuli uteliaana ja kohteliaasti keskustelemaan hänen kanssaan hänen suhteestaan musiikkiin. Tästä miehestä tuli myöhemmin Jaana-Mirjamin aviomies. Heidän häissään 95-vuotias mummo tanssi iloisesti niin kuin kaikki muutkin vieraat. Beninissä jokainen tanssii jo alle kaksivuotiaasta. Tanssi on heille tapa olla ihminen, sitä arvostetaan ja rakastetaan. Tanssi on tapa olla yhdessä. Se luo kulttuuria. Eri puolilla maailmaa tanssi on myös pyhä rituaali. Jaana-Mirjamilla meni kauan ennen kuin hän tajusi tanssin merkityksen elämässään. Se oli kyllä kuikuillut jossain koko ajan. Nyt häntä kiinnostaa se, millaiseksi tanssin merkitys nousee hänelle 60–70-vuotiaana.

Tukholmalaisessa vanhainkodissa tehtiin tutkimus, jonka mukaan tanssilla saavutettiin suurimmat hyvinvointivaikutukset vanhusten elämään. Niin fyysiseen olemukseen kuin mieleenkin. Immuunikykykin vahvistui. Jaana-Mirjam kuvaileekin ihmistä liikkuvana, tanssivana tarinakirjana. Sellaisella ihmisellä on avoin katse ja hän näkee enemmän. Tanssi on kontaktilaji. Sen avulla on mahdollisuus rakentaa parempi suhde omaan itseen ja toisiin ihmisiin. Tanssin avulla mielihyvähormonit lähtevät liikkeelle. Tanssi vaikuttaa tapaan liikkua, se antaa energiaa ja vahvistaa kuntoa. Se on hauska tie syvään yhteyteen. Se on aalloksi tulemista meille ihmisille, joissa on yli 70 prosenttia vettä.

Intohimoinen tanssihenkilö ymmärtää, että sillä on yhteys myös seksuaalisuuteemme, mutta keho on viaton ja sillä voi leikkiä. Eläkeläisen elämässä Jaana-Mirjamia kiinnostaa eniten tanssi ja hän suunnittelee jo kirjojen kirjoittamisen lisäksi ohjaavansa jälleen ryhmiä rikkaaseen liikkeen maailmaan.

Kaikki paitsi purjehdus on turhaa

Olen todella kiinnostunut aivan kaikesta mitä ympärillämme tapahtuu. Välillä on musertava tunne siitä, mitä lapseni ja lapsenlapseni joutuvat kohtaamaan. Kun alakulo iskee lähden merelle ja elän hetkessä. Meri on minun taivas, on aina ollut.

Eppie Eloranta

Eppie Elorannalle purjehdus on ollut osa elämän sisältöä lapsuudesta asti. Hän asui lapsena Hangossa meren äärellä. Hän sai ensimmäisen optimistijollansa kuusivuotiaana ja opetteli itsekseen purjehtimisen niksit. Kun hän kasvoi ulos optimistijollasta, hän pääsi gastiksi sellaisiin isompiin veneisiin kuin kansanvene, Vikla jne. Kun Laser, erittäin suosittu ja monikäyttöinen kevytvene, rantautui Suomeen, Eppie pääsi kehittämään taitojaan edelleen. Yksin Laserissa purjehtiminen kasvatti luonnetta ja uskoa omiin kykyihin. Siitä on ollut hänen mukaansa hyötyä niin työelämässä, yrittäjyydessä kuin perhe-elämässäkin. Kilpapurjehdus kiehtoi Eppieä, koska hän oli saanut ihan pienestä seurata jokaisen Hangon Regatan ja muitakin kilpailuja. Hän kilpaili ja purjehti maailmalla yhteensä kuusitoista vuotta ja toimi sen jälkeen viitisentoista vuotta kipparina Välimerellä, Kreikassa ja Turkissa sekä Karibialla ja Seychelleillä. Hän on tehnyt myös vaativia siirtopurjehduksia maasta toiseen. Koulutukseltaan Eppie on laivanrakennusinsinööri. Hän on opettanut tuhansia lapsia purjehtimaan ja kaikki hänen omat lapsensa purjehtivat. Yksi tyttäristä on myös laivanrakennusinsinööri. Eppie asuu Helsingissä meren rannalla ja avomeren näkeminen päivittäin on hänelle tärkeää.

Kun kysyin Eppieltä, mitä purjehtiminen ja meri hänelle edustavat, hän kertoi luonnon voimien valjastamisesta ja vertasi purjehdusta musiikkiin. Siinä on oma rytminsä. Aaltojen sykkeeseen on otettava tuntumaa, mutta samalla aallot elävät omaa elämäänsä. Mereen liittyy vapaus, siellä on oma maailmansa. Täydellinen irtiotto arjesta antaa tilaa ajatuksille. Kun maailma kutistuu ja tilaa on vähän, veneessä ollaan tiimi. Raikkaassa meri-ilmassa nukkuu hyvin. Vaikka viikkojen purjehtimisen jälkeen kotiinpaluu ja oma, lämmin suihku tuntuu ylelliseltä, tilaa ympärillä on liikaa. Siihen täytyy tottua uudelleen, samoin kuin kaikkeen ihmisen kehittämään tekniikkaan. Jopa autolla ajo tuntuu oudolta. Kun Eppien lapset olivat pieniä ja palasivat pinnasänkyihinsä purjehdusloman jälkeen, heidän vuoteensa päälle piti levittää peitto, sillä muutoin katto oli liian korkealla, eikä lapsi saanut nukuttua.

Eläkeiän saavuttaneena Eppie on hankkinut entistä vakaamman veneen. Hän tietää, ettei vaativaa purjehdusta voi harrastaa ikuisesti. Kuitenkin hän ihmettelee, miksi jotkut vuosikymmeniä purjehtimisesta nauttineet eläkeläispariskunnat lopettavat kokonaan harrastuksen veneestä luovuttuaan. Saaristossa on ihania paikkoja, joihin voi mennä myös lautoilla. Rahtilaivoillakin voi matkustaa maailman meriä. Eppie uskoo pääsevänsä omien lastensa kanssa seikkailemaan sittenkin, kun hän ei enää itse toimi kipparina. Koti meren rannalla, kävelymatkan päässä avomerimaisemista on myös tulevien vanhuusvuosien voiman lähde.

Haastattelin toista purjehdusta harrastavaa ystäväämme Jaakko Salosta. Hän purjehti ensimmäistä kertaa vasta 23-vuotiaana opiskelijakavereidensa kanssa. Hänen ystävillään oli vene, jolla hän opetteli ja purjehti ahkerasti. Kymmenen vuoden ajan lomat sujuivat merellä ja upeassa saaristossamme. Kun ensimmäinen H-vene rakennettiin Suomessa, Jaakko meni katsomaan sitä ystävänsä kanssa. Kaikki edelliset veneet olivat olleet puisia ja nähdessään sulavamuotoisen muoviveneen ensi kertaa Jaakko osti sen saman tien. Näin hänestä tuli maailman ensimmäisen H-veneen omistaja. Jaakko on ammatiltaan arkkitehti, joten ei ihme, että hän ihastui juuri veneen muotoiluun. Hän oli jo 35-vuotias aloittaessaan kilpailemisen H-veneellä ja jatkaa sitä yli kahdeksankymppisenä edelleen. Toinen hänen kahdesta veneestään on Lahdessa ja hän on kesäisin osallistunut Päijänne-purjehdukseen hyvällä menestyksellä, vaikkei harmikseen ole koskaan voittanut kilpailua. Kun kysyn Jaakolta, mikä häntä meressä ja purjehtimessa kiehtoo, hän ylistää Suomen saaristoa, joka on ainutlaatuinen luonnonsatamineen.

Jaakko asuu talvet Nizzassa ja hänellä on siellä ruotsalainen ystäväpariskunta, joka asuu purjeveneessään. Mies on 95-vuotias ja rullatuolissa, vaimo yli kymmenen vuotta nuorempi. He purjehtivat edelleen, mutta ottavat mielellään Jaakon avuksi miehistöön. Kun ihmettelen ääneen, ettei vanhana varmaan voi aloittaa purjehdusta, Jaakko tyrmää väitteeni ja väittää, että voisimme mieheni kanssa yli 70-vuotiaina hyvin aloittaa. Tuulihan sitä venettä vie, Jaakko toteaa, kun epäilen, että tarvittaisiin taidon lisäksi fyysistä voimaakin. Asenne taitaa tässäkin olla ratkaiseva tekijä.

Ihailen näitä purjehtivia ystäviäni ja ymmärrän, miten antoisaa purjehtiminen ja yhteistyö aaltojen kanssa voi olla. Jaakko on kuitenkin varmistanut itselleen toisenkin yleisesti tunnetun väittämän: kaikki paitsi puutarhanhoito on turhaa. Niinpä hän viettää kesät siirtolapuutarhamökissään Helsingissä ja suunnittelee ja hoitaa siellä rehevää puutarhaansa. Siltä varalta, etteivät purjehdus ja puutarhanhoito vielä riittäisi elämän sisällöksi, Jaakko jatkaa musiikkiharrastusta, jonka hän aloitti 45-vuotiaana klarinetin soitolla. Minulle alkaa valjeta, että on turha huokailla sitä, ettei ole nuorena opetellut mitään noista kadehdittavista taidoista. Jos todella, todella haluaisi, kannattaisi aloittaa heti.

Kaikki paitsi purjehdus on turhaa, koko elämän se sisältää.

Aallon pohjan, aallon harjan, myrskyn mustan pilvikarjan, vaan myös paljon tyyntä, lempeää.

Kaikki paitsi purjehdus on turhaa, ihminen kuin vene itse on: kaipaa aina kaukorantaa, minkä jaksaa myötään kantaa veistämänä oman kohtalon.

Kaikki paitsi purjehdus on turhaa, siinä koko inhimillisyys.

Niin kuin oikut ihmismielen, kuiskeissa ois tuulen kielen, tuolla petos, täällä ystävyys.

Kaikki muu kuin purjehdus on turhaa, omaa kuvaamme se heijastaa.

Matka alkaa purjein valkein, tuhansien tuulten palkein, vuodet tummentavat takilaa.

Mutta kerran pääset päähän sateenkaaren, siellä päättyy yksinäisen tie.

Kerran viimein rantaan rakkauden saaren maininki niin levollinen vie.

Kaikki paitsi purjehdus on turhaa, tähdet ikuisina kimmeltää.

Meille merkkeinä ne loistaa, samaa sanomaansa toistaa, Mikään ei lie kovin tärkeää.

Kaikki paitsi purjehdus on turhaa on Lasse Mårtensonin säveltämä ja Juha"Watt" Vainion sanoittama kappale, jonka kumpikin heistä on levyttänyt. Mårtensonin versio julkaistiin singlenä. Laulun teema, purjehdus, oli sekä Vainiolle että Mårtensonille mieleinen. Vainio rakasti merta ja purjehdusta, kuten myös Mårtenson.

Myytti viisaasta vanhuksesta

*Semmoista elämänviisautta, jota olisi sopinut vähän laajem-
minkin kuunnella.*

E2-tutkimus 2022

Tutkimusprofessori (emerita) Marja Holmila halusi tutkia ikä-
naisia ja näin käynnistyi E2 tutkimus ikääntyneiden naisten
vähäisestä roolista yhteiskunnallisessa keskustelussa. Kyse
on tasa-arvosta ja vanhenevan yhteiskunnan kannalta isosta
voimavarasta: Suomessa 70 vuotta täyttäneitä naisia on yli
500000. Tutkimuksessa käsitellään elämisen taitoa haastatte-
luihin osallistuneiden omien kuvausten kautta ja todetaan, että
elämisen taito karttuu vähitellen. Tarvitaan paljon aikaa, ja siitä
juuri ikääntymisen tuomassa kokemuksessa ja hiljaisessa tiedossa
on kyse. Mutta tuleeko meistä kaikista iän myötä viisaita? Tutkimus
toteaa myös: Moni haastateltu koki kartuttaneensa elämisen taitoa

paitsi tavallista elämää eläessään, myös kohdatessaan lapsena mielenkiintoa herättäneitä aikuisia, tutustuessaan uusiin kulttuureihin ja joutuessaan vaativiin elämäntilanteisiin. Oppiminen edellyttää myös mukaan menemistä, heittäytymistä, yrittämistä ja erehdyksiä. Monet toivat esille sen, että olennaista elämisen taidon kartuttamisessa on, onko jo lapsena oppinut luottamaan itseensä.

Parhaimmillaan ikääntyvät kokevat suurta iloa ja ihmetystä eletystä elämästä. Se on ikään kuin mysteeri, josta voi olla kiitollinen. Tämä ei sulje pois sitä, että on tietoinen epäkohdista tai kokee jopa syyllisyyttä, kun tiedostaa, että kaikilla ei ole yhtä hyvin. Kun tietää, että ei voi enää kovin paljoa muuttaa omaa elämäänsä, ja on valtaosin työnsä tehnyt, voi hyväksyä ja rentoutua elämän edessä. Positiivisuuteen ja tyyneyteen liittyy myös anteeksiantamisen kyky ja suvaitsevaisuus toisenlaisuutta kohtaan.

Historia, romaanit ja elokuvat tuntevat lukemattomia viisaita vanhuksia. Mitä he ovat tehneet, että heidän viisautensa on saanut siunata muitakin? Onko heillä joitain yhteisiä ominaisuuksia? Jäin pohtimaan, ketkä ovat olleet viisaita vanhuksia, joita olen kohdannut omalla polullani.

Ensimmäisenä mieleeni nousee muistikuva Ailasta. Aila oli eläkkeellä oleva opettaja, jo valkohiuksinen, kun hänet tapasin. Olin elämäni risteyskohdassa ja eräs ystäväni suositteli minulle vierailua Ailan luona. Ensi kohtaaminen tuon valoa säteilevän vanhan naisen kanssa antoi minulle enemmän toivoa ja ymmärrystä kuin ehkä yksikään aiempi kohtaaminen elämässäni. Vaikka Aila oli ikävuosiltaan yli 70-vuotias, hän ei mitenkään vastannut kuvaani vanhasta naisesta. Hänellä oli vaaleanpunaiset korkokengät ja kaunis sifonkihuivi. Koko hänen olemuksensa hehkui elämäniloa. Hän oli myötätuntoinen, rohkaiseva ja ymmärtäväinen. Häntä oli siunattu selvänäköisyyden lahjalla ja hän osasi käyttää sitä viisaasti. Hän ei ollut mikään ennustajaeukko. Sen sijaan, että olisi katsonut ihmisen tulevaisuuteen, hän näki tämän menneisyyteen ja valoi avuntarvitsijaan luottamusta tämän omiin mahdollisuuksiin. Oli kuin kohtaaminen Ailan kanssa olisi samalla valaissut oman polun ja menneet vaikeudet olisivat muuttuneet vain askelmiksi kohti jotain parempaa.

Ailan jälkeen olen kohdannut monia muitakin viisaita vanhuksia. Toinen viisas, vanha nainen elämässäni oli entinen nunna, hento, mutta sitkeä Angeline. Hänellä on hersyvä nauru ja kyky katsoa maailmaa monenlaisista näkökulmista. Hän on omistanut elämänsä lasten rohkaisemiseen luovuuden käyttöön. Kohtasimme sattumalta havaijilaisen pienen kauppakeskuksen puistossa ja hetken kuluttua keskustelumme oli jo ajautunut elämän syvimpiin mysteereihin.

Olen saanut haastatella upeita itseäni vanhempia naisia. Kukaan heistä ei tunne itseään vanhaksi. He elävät itsensä näköistä elämää ja ovat kiitollisia ja huumorintajuisia. He viihtyvät eri ikäisten ihmisten seurassa ja useat tekevät aktiivisti jonkinlaista auttamistyötä. Näitä kohtaamiani viisaita naisia yhdistää monta samanlaista tekijää. Päällimmäisenä ehkä heidän pyyteetön halunsa auttaa polulleen eksyneitä jakaen omaa viisauttaan toista kunnioittavalla tavalla. Kaikki vanhat naiset eivät kasva viisaiksi. Kehittyäksemme ihmisinä meidän täytyy ponnistella. Elämme maailmassa, joka ylikorostaa nuoruutta ja ulkoista kauneutta ja tekisi mielellään vanhukset näkymättömiksi. Kaikki eivät suostu kulttuurin rajaamaan ahtaaseen tarinaan. Voimme valita sellaisen käsikirjoituksen, joka arvostaa elämänkokemusta, empatiaa ja toisten rohkaisemista kasvamaan siksi, joksi he voivat tulla. Juuri nyt tarvitsemme Ailan ja Angelinen kaltaisia polkujamme valaisevia viisaita, luovia ja lempeitä vanhoja ihmisiä, jotka auttavat meitä löytämään enemmän iloa ja kiitollisuutta elämäämme.

Kun levottomina vuosinani vietin paljon aikaa Havaijilla, löysin sattumalta tien hinduluostariin ja tapasin nyt jo kuolleen viisaan miehen Satguru Sivaya Subramunyaswamin. Hän oli miljoonien ihmisten kunnioittama guru, joka osallistui myös vuosituhannen vaihteen henkisten johtajien tapaamiseen. Yhdistyneet kansakunnat oli kutsunut koolle tuhat maailman arvostettua hengellistä johtajaa kuullakseen heidän neuvojaan ja visioitaan siitä, millainen tulevaisuus ihmiskuntaa odotti. Satguru opetti seuraajiaan sekä luostarissa että matkoillaan ja nettiyhteyksin eri puolille maailmaa. En koskaan ennen ollut tavannut ketään tuon valkohiuksisen vanhan miehen kaltaista. Kun ensimmäisen kerran pääsin tapaamaan häntä, minulla oli ryhmä suomalaisia mukanani. Olimme saaneet ohjeen kirjoittaa etukäteen paperille kysymyksiä, joita halusimme suurelta gurulta kysyä. Jokainen oli itsekseen miettinyt sellaisia, mutta jotain ihmeellistä tapahtui ennen temppeliin vierailua. Kun olimme löytäneet tärkeät kysymyksemme, alitajunta alkoi jo vastailla niihin niin, että vihdoin gurun kohdatessamme ei tuntunut enää olevan mitään kysymistä.

Guru istui huoneen toisessa päässä levollisena antaen rauhallisen katseensa kiertää ryhmämme jäsenissä. Tunnelma oli niin taianomainen, että aika ja paikka tuntui katoavan ja oma mielikin löysi tyyneyden tilan juuri siinä hetkessä. Opasmunkki rohkaisi meitä tekemään haluamiamme kysymyksiä ja joku taisi jotain kysäistäkin. Guru vastasi syvällä, rauhallisella äänellään, enkä muista hänen muuttaneen kenenkään uskomuksia tai maailmankäsitystä. Ennemminkin tunsimme rohkaistuneemme luottamaan omiin voimiimme, kunhan maltamme pysähtyä meille tärkeiden ja ajankohtaisten kysymysten äärelle. Kuin huomaamatta guru oli ohjannut meidät oivaltamaan jotain tärkeää. Hän ei korostanut omaa egoaan, emmekä ostaneet hänen kuviaan palvoaksemme niitä. Olimme saaneet jotain arvokkaampaa.

Elämän ja kuoleman salaisuus

Vasta kun tiedostamme elämän haurauden, ymmärrämme, että jokainen tällä planeetalla elämämme hetki on kallisarvoinen lahja. Kysymys on siitä, käytämmekö lahjamme viisaasti.

Dandapani

Elämän jännittävin vaihe on vasta edessä. Takuuvarmasti jokaiselle luvattu. Sitä voi olla ajattelematta. Siitä voi olla puhumatta. Silti se vääjäämättömästi lähestyy joka ikistä meistä. Uskon, että moni laillani miettii kuolemaa, vaikkei puhu siitä. Emme puhu, koska emme osaa puhua. Se ei ole kuulunut aikamme kulttuuriin, etenkään jos synnyimme sotien jälkeen ja olemme saaneet elää enimmäkseen turvattua elämää. Mutta koska tulimme yllättäen tempaistuksi mukaan elämän ja kuoleman arpapeliin, jossa uhka on esillä koko ajan, aloin miettiä, ketkä ovat kuoleman asiantuntijoita. Varmaan kaikki ne, jotka ovat käyneet reunalla, olleet kuolleita, mutta palanneet takaisin. Heistä ja heidän kokemuksistaan on kirjoitettu monia kirjoja. Yleensä hyvin lohdullisia, kauniita ja mystisiä. Halusin kysyä myös pappiystäviltäni heidän ajatuksistaan. Ovathan he olleet enemmän tekemisissä kuolevien ja surevien kanssa. Ja koska aihe on salaperäinen, kokemusasiantuntijat vähissä ja kaikki meille pelkureille tarpeelliset valonpilkahdukset tervetulleita, katsoin tarpeelliseksi kääntyä myös mystikkojen puoleen.

Jean Shinoda Bolen kuvaa vanhan ihmisen siirtymistä kuoleman porteille eräänlaisena vihkimyksenä. Se, mitä ihmisille tuntuu tapahtuvan juuri, ennen kuin keho päästää irti ja vie heidät kohti tuntematonta, usein pelättyä seuraavaa vaihetta, on mielenkiinnon kohteiden kaventuminen ja ulkopuolisen maailman ongelmien ja tapahtumien merkityksen menettäminen. Vanhan muodon kuolema tai uuden elämän syntymä ovat molemmat oleellisia vihkimykselle. Vihkimys uuteen olemisen ja uuden tietoisuuden tilaan tapahtuu mysteerin kautta.

Luettuani Jean Shinoda Bolenin kuvauksen, minulle vahvistui käsitys, että Mysteerikoulussa kuuluu ehdottomasti pysähtyä pohtimaan tätä ihmettä. Miten se onkaan niin vaikeaa meidän aikanamme ja meidän kulttuurissamme?

Sen tietenkin tiedämme, miten kuolema ylipäänsä ja varsinkin oma kuolema tai jonkun läheisen tai yleensä vain nimeltä tunnetun ihmisen kuolema on sopimaton puheenaihe. Kuolema on tabu ja siitä voidaan puhua vasta kun se on tapahtunut eikä se sittenkään ole helppo puheenaihe. Päättymisestä ei saa puhua, ei edes elämän laskevasta kaaresta.

Näin Mikko Malkavaara kirjoitti Facebook-päivityksessään ja käynnisti aiheesta kiinnostavan keskustelun ystäviensä kesken. Kuolemaa on vaikea käsitellä, kun se tulee hyvin lähelle. Siitä, että se on sekä mysteeri että älyllinen kysymys, syntyy ristiriitaisia tunteita. Yritimme pitkään siivota kuoleman pois näkyvistä, mutta nyt on havaittavissa uudenlaista "kuolemabuumia". Puhutaan kuolemarituaaleista, ihmiset suunnittelevat persoonallisia ja oman näköisiä hautajaisia itselleen korostaen omaa identiteettiään. Uskonnon rooli on muuttunut. Tietoisuus oman kuoleman läheisyydestä koskettaa ihmistä syvältä. Se saattaa nostaa esiin aiemmin tuntemattomia kysymyksiä, tunteita ja ajatuksia. Se ohjaa ehkä katsomaan taaksepäin elämän matkaa ja muistamaan asioita, joita ei ole muistanut. Voi olla, että pintaan nousee kiitollisuutta ja levollista suostumista, joskus myös pettymystä ja katkeruutta.

Jokaisen kuolema on hänen omansa, juuri hänen elämänsä päättyminen. Ihmisen vanhetessa kuoleman horisontti tulee vääjäämättä lähemmäksi, läheisiä kuolee ympäriltä ja ajatus omasta kuolemasta muuttuu todeksi. Tämä voi tarkoittaa vähittäistä kuolemaan valmistautumista ja sen hyväksymistä. Ajatus omasta kuolemasta voi synnyttää pelkoa. Mukana on myös kysymys vanhuksen maailmankuvasta: mieltääkö hän kuoleman yksinomaan elämän lopuksi vai onko se myös jonkin uuden alku, jota hän voi positiivisessa mielessä odottaa. Lähestyvä kuolema voi aktivoida siihen saakka taustalla pysynyttä uskonnollisuutta tai henkisyyttä. Kuoleman läheisyydessä on tärkeä tukea sellaisia kokemuksia ja ylläpitää sellaista toivoa, jotka kuoleva ihminen itse kokee tärkeäksi.

Duodecim

Paria poikkeusta lukuunottamatta kukaan ikäihmisistä, joita haastattelin ei oma-aloitteisesti nostanut kuolemaa puheenaiheeksi. Sitten maailma yhtäkkiä muuttui ja kuolema heitti pelottavan varjon kaikkien ylle. Ikääntyneitä alettiin kuvailla yhteiskunnan hauraina ja haavoittuvina. Sellaisina, joita muiden piti suojella rajoittamalla omaa vapauttaan ja tuttuja tapojaan. Monet ministerit ja virkamiehet väläyttelivät uhkakuvia siitä, miten terveydenhoidon ylikuormittuessa jouduttaisiin tekemään valintoja nuorten ja terveiden tai vanhojen, kenties sairaiden välillä. Epävarmuus ja pelon ilmapiiri lisääntyi. Ikuisesti itsensä nuoriksi tuntevat ravisteltiin kohtaamaan paitsi kuoleman, myös yksinäisten ja tuskaisten viimehetkien pelko, kun uutisissa näytettiin Italian tai

Espanjan ruumisarkkurivistöjä tai avoimia hautoja, joiden äärellä viime viestejään jättämässä sai seistä vain kolme ihmistä. Muistin vuosien takaisen tarinatuokion, johon osallistuin Havaijilla. Psykologian tohtori ja shamaani Serge Kahili King vastaili kysymyksiin kuolemasta ja totesi, ettei kukaan meistä pelkää kuolemaa. Me pelkäämme tuskaa tai kärsimystä, joka sitä voi edeltää. En edelleenkään ole varma, onko se koko totuus. Kyllä itse ainakin tunnustan pelkääväni väistämättä edessä olevaa niin suurta mysteeriä, ettei kukaan osaa valaista sinne tietä. Samalla kun tuntematon on pelottavaa, siinä on myös jotain kiehtovaa.

Jokainen meistä joutuu kohtaamaan pelkonsa, kun se mikä on ollut tuttua ja turvallista muuttuu hetkessä. Meidän on löydettävä omat selviytymiskeinot ennustamattomaksi ja vaaralliseksi muuttuneessa maailmassa. Voi olla, että heikot muuttuvat vahvoiksi ja vahvat heikoiksi. Entiset pelisäännöt eivät enää päde, kun narsistisen ajan suuri murros on yllättäen temmannut isomman vaihteen päälle. Siellä, missä aiemmin oli kiirettä, on nyt tyhjiä kalentereita. Siellä, missä tulevaisuus näytti melko selkeältä, on nyt pelkkiä kysymysmerkkejä. Ikäihmiset eivät voi tavata lapsiaan tai lapsenlapsiaan, naapureitaan tai ystäviään. Leppoisa arki on muuttunut turvattomuudeksi ja kun taudin uhka aikanaan väistyy, uudenlainen turvattomuus on edessä. Yhteisöllisyys on siirtynyt virtuaalimaailmaan. Kaupungin kadut ovat muuttuneet elokuvan kulisseiksi ja päivän uutisten juoni on kuin karmivassa scifi-elokuvassa.

Suuren muutoksen myötä tähän kirjaankin tuli uutta syvyyttä. Aloimme puhua myös peloista ja kuolemasta. Siitä kuinka opimme tekemään ihmeitä niillä korteilla, jotka ovat jäljellä sen sijaan, että suremme kaikkia niitä menetettyjä. Etsimään uudenlaisia selviytymiskeinoja ja etsimään lohtua toisistamme vaikka virtuaalimaailmassa. Salamannopeasti käynnistyi monenlaisia auttajien verkostoja ja pakon edessä opeteltiin myös pyytämään apua. Tässä uudessa käsikirjoituksessa olemme kaikki iästä riippumatta taikureita, joiden korteilla on merkitystä tarinan etenemisen kannalta. Mitkä asiat joutavat menemään ja mitkä ovat jäljellä olevan elämän kannalta valttikortteja? Maailmanlaajuinen, kuolemaa kylvävä pandemia sysäsi meidät oleellisten kysymysten äärelle.

Kysyin viisaustutkija, teologian tohtori Jenni Spännäriltä, miksei kukaan vapaaehtoisesti puhunut kuolemasta. Näin hän vastasi:

Kuolema ei liity vain vanhuuteen. Se on läsnä kaikissa elämän vaiheissa, mutta meidän kulttuurissamme se on ulkoistettu ja poissa näkyvistä. Ajatellaan, että se tapahtuu vain toisille.

Kuolema taisi sukupolvi sitten olla paljon lähempänä meitä. Muistan itsekin, kuinka setäni vei minut, noin neljävuotiaan, mummoni avoimen arkun äärelle ja totesi, että tytön täytyy vielä saada nähdä mummo. Äitini, joka oli kaupunkilaistyttö, oli hyvin hämmentynyt. Hän ajatteli, että lapselle voi jäädä siitä pelkoja. Itse en tainnut jälkeenpäin miettiä asiaa kovinkaan paljon. Ehkä äidin hämmennys oli tilanteessa kaikkein kummallisinta.

Kuolema on realiteetti. Toivoisin, että sitä ei pelättäisi niin suuresti. Suru läheisten menetyksestä on suuri, siksi kai se hiljentää.

Aila Sariola

Suhtautumisemme kuolemaan on syvästi yhteydessä uskomus-maailmaamme. Näin luottavaisin mielin Ritva Vänskä kertoo omista kuolemaan liittyvistä kokemuksistaan ja ajatuksistaan:

Kuolema on minulle luonnollinen asia. Olen aavistanut kaik-kien läheisteni kuolemanhetken jollain ihmeellisellä tavalla. Minä sanoin aina lapsena, jos joku sukulainen kuoli, että hän meni taivaaseen. En ole pelännyt sitä koskaan. Hautajaisissa oli sellainen outo tunne, että se vainaja oli läsnä siinä arkun ääressä. Rajatieto tarjoaa paljon monenlaisia kuolemaan liit-tyviä asioita. Niitä kannattaa lukea harkiten, eikä ihan kaik-kia kirjoituksia uskoa. Itse uskon, että sielu irtoaa ruumiista ja lähtee seuraavalle tasolle.

Kun siskoni kuoli, olin hänen vieressään sairaalassa. Kiitin siskoani kaikista yhteisistä hetkistä ja vähän ajan kuluttua hän henkäisi viimeisen henkäyksensä. Se oli kaunis hetki. Saattohoitaja toi minulle teetä ja sämpylän, avasi ikkunan ja sanoi, että lasketaan sielu vapaaksi. Hetken päästä hoitaja tuli huoneeseen ja kysyi, että haluanko pukea siskoni matkalle hänen kanssaan.

Niin sänky siirrettiin toiseen huoneeseen ja puimme hänet valkeaan vaatteeseen ja hoitaja suoritti muutamia muita toimenpiteitä. Sitten hyvästelimme toisemme ja lähdin ajamaan kotiin. Kun pääsin autoon, tunsin siskoni tuoksun ja hän saattoi minua hetken matkaa. Sitten tuoksu häipyi. Se oli kaunis kuolema.

Olen huomannut, että kuolemasta puhuminen on vaikeaa monelle. Henna Mäkelinin kirja Kuolema – Kaikki mitä olet aina halunnut tietää on erittäin hyvä kirja. Se kertoo totuuden mukaisesti, luonnollisesti ja rauhallisesti kuolemaa lähellä olevista ihmisistä sekä kattavasti kaikesta mitä kuolemaan liittyy.

Kun kävin läpi suvun vanhoja valokuvia, siellä oli kuvia, pienistä lapsista sekä sairaalan sängyssä, että arkussa. Niissä oli jotain pysäyttävää. Samoin ennen vanhaan maalla oli tapana hyvästellä vainaja. Arkku oli auki joko pihalla tai ladossa. Siinä

oli otettu sitten kuva, kun kaikki sukulaiset vauvasta vaariin
olivat arkun äärellä. Tänä päivänä se ei enää onnistu. Oman
uskonelämän kautta kuoleman ajatus voi olla luonnollinen ja
läsnäoleva. Siitä saa myös lohtua jo rajan ylittäneiden läheis-
ten ikävään.

Joissain uskonnoissa kuoleman ympärille on rakennettu enemmän lohduttavia rituaaleja. Jossain hautajaiset ovat iloinen juhla. Muistan kuinka Balilla meidät tuntemattomat, ulkomaalaisetkin kutsuttiin syömään ja juhlimaan kylässä kuolleen vanhuksen polttohautausta. Se oli kaunis tilaisuus. Se, että sielun vapautumisesta tästä elämästä riemuittiin, ei poistanut läheisten kaipausta. Ortodoksiystäväni Maria Lehtinen kertoo:

Kuolema on luonnollinen asia, kiitos ortodoksisuuden. Meillä
puhutaan joka päivä kuolemasta, matkamme päämäärästä
ja viimeisestä juhlasta. "Herra armahda meitä ja pelasta oi
hyvä meidän sielumme." Ortodoksina meillä on edesmenneet
aina muistoissamme. Heitä muistetaan tuohuksin, rukouksin,
liturgiassa ja vigiliassa. Sitten on monta vainajien muiste-
lupäivää vuodessa. Kun ihminen kuolee pidetään panihida,
muistopalvelus, ja sitten kuukauden päästä, puolen vuoden
jälkeen, ja aina kuolinpäivänä vuosittain. Siten kuolleet ovat
aina kanssamme, unohtumatta. Hietaniemen ortodoksisen

hautausmaan kirkossa on perjantaisin yleinen panihida, jossa
voi käydä muistelemassa. Melkein aina siellä odottaa vainaja
arkussa tulevaa hautaustaan.

Nuori ystäväni oli sairaalassa isoisänsä vuoteen ääressä, kun tämän lähdön hetki oli lähellä. Hän kertoi tunnelmasta, joka oli levollinen ja kaunis. Henkilökunta oli kokenutta ja valmisteli hiljaisesti viimeisiä hetkiä kertoen omaisille, millaisia asioita oli odotettavissa. Isoisä makasi vuoteellaan silmät ummessa. Hengityksestä saattoi aavistaa hänen elämänvoimansa olevan lopussa. Kaikki tärkeät asiat oli jo puhuttu. Juuri ennen viimeisiä henkäyksiään isoisä avasi silmänsä. Hänen katseensa kohtasi vielä isoäidin katseen. Sitten hän siirtyi toiseen todellisuuteen. Ystäväni, jolle tämä oli ainutlaatuinen kokemus, oli aivan ihmeissään siitä valtavan upeasta tunnelmasta, joka huoneessa tuolloin vallitsi. Hän kuvasi sitä sanoen, että hänen isoisänsä oli heti kuolemansa jälkeen enemmän läsnä huoneessa kuin koskaan ennen. Tuntui äärettömän todelliselta se, että hänellä oli valtavan hyvä olla, ja hän edelleen oli olemassa, vaikka hänen maanpäällinen pukunsa oli jäänyt tyhjäksi. Tuohon huoneeseen olisi voinut jäädä kylpemään siellä vallitsevassa rauhassa ja lempeydessä. Kun ystäväni vihdoin poistui muiden omaisten kanssa sairaalasta ja palasi kotiinsa, hänestä säteili vielä usean tunnin ajan epätavallisen kokemuksen mukanaan tuoma harmonia.

On hyvä rakastaa elämää, jota elää. Se on vaikeaa, ellei ota kuolemaa huomioon. Sitä, mitä on oikea eläminen, ei pysty ulkopuolelta määrittelemään. Elämä on elämistä joka sekunti. Tavallinen elämä riittää, ei tarvitse elää "täyttä elämää", mikäli se tarkoittaa vain huippukokemuksia.

Jenni Spännäri

Tavoitteena kesytetty kuolema

Vain elävät voivat puhua kuolemasta kunhan heille annetaan mahdollisuus.

Matti J. Kuronen

Lappeenrannassa jo seitsemän vuotta toiminut kahvila Tuonen tupa tarjoaa kuolevaisille mahdollisuuden keskustella elävästi kuolemasta, siihen liittyvistä kokemuksista, tunteista, asenteista ja arvoista. Se antaa asiatietoa sekä mahdollisuuden kurkistella Tuonilmaiseen. Lainasin Matti J. Kurosen ajatuksia hänen artikkelistaan Kotimaa-lehdessä:

Tuonen tuvan avaamisen perimmäinen syy oli kohdata ja murtaa kuolemaan liittyvä tabu. Vain elävät voivat puhua kuolemasta.

Me kuolemme vain kerran ja siksi se kannattaa tehdä kunnolla. Ei kuolema kuulu elämään, se on ainakin yhden sen vaiheen loppu.

Ei ainutkertaista elämää tietenkään kannata tuhlata sen miettimiseen, missä asennossa aikoo kuolla. Mutta jos Martin Heideggerin ajattelun mukaan elämä on kuolemaan kohti olemista, voi itse elämä kuolemasta käsin katsottuna muuttua kouriintuntuvaksi. Osmo Tiililäkin joutui oman sydänkohtauksensa opettamana sanomaan: "Minua viedään." Vakava sairastuminen tai muu kuoleman kosketus muuttaa meidän arvomaailmaamme, sitä mitä me ymmärrämme hyväksi elämäksi.

Helvetti on elämätön elämä. Juutalaisen teologian mukaan viimeisellä tuomiolla Jumala näyttää meille filmiltä kaikki käyttämättömät onnen hetket.

Tavoitteeksi asetimme kesytetyn kuoleman. Jos kuolema koetaan pedoksi, sen kesyttämiseksi täytyy uskaltaa katsoa sitä silmiin ja puhua niin, ettei kummankaan, minun eikä kuoleman, tarvitse antaa pelolleen periksi.

Minusta tuntuu, että lappeenrantalaisen Tuonen tuvan kaltaisia tabun murtajia ja keskusteluyhteisöjä tarvittaisiin enemmänkin. Nostan siis kuolemasta puhumisen Mysteerikoulun yhdeksi oppiaineeksi. Eikö ole parempi kohdata väistämätön jotenkin valmistautuneena kuin aihetta koko elämänsä väistelleenä? Itse saan lohtua seuraavasta rukouksesta:

Kuoleman siunaus

Rukoilen, että sinua siunattaisiin lohdulla ja varmuudella omasta kuolemastasi. Jotta sisimmässi tietäisit, ettei mitään pelättävää ole.

Ja että saisit kaiken tarvitsemasi siunauksen ja turvan, kun sinun aikasi tulee. Otettakoon sinut kauniisti vastaan siinä kodissa, johon menet.

Sillä sinä et mene tuntemattomaan paikkaan.

Palaat siihen kotiin, jota et koskaan kokonaan jättänytkään.

Olkoon sinulla kiihkeää riemua elää elämäsi täysin rinnoin.

Olkoon sinulla myötätuntoa, luovuutta ja kykyä muuntaa muuksi kaikki negatiivinen, minkä kohtaat.

Siunattakoon sinua niin, että kuolisit vasta elettyäsi pitkään.

Että olisit tyyni ja onnellinen ja niiden seurassa, jotka todella
välittävät sinusta. Olkoon lähtösi turvattu ja perillepääsysi
varma. Hymyilköön sielusi oman anam carasi[3] syleilyssä.

John O'Donohue: Anam Cara

---

3 ystävyyden ykseys

Ikioman tarinan tunnistaminen

Kun tänään kuuntelin 60-luvun mielimusiikkiani, mietin miten suuri merkitys omalle elämäntarinalle joillain varhain elämässä tehdyillä valinnoilla onkaan. Ensimmäinen aikuisena koko loppuelämään vaikuttanut valintani oli vuosi USA:n Itärannikolla piikomassa seitsenlapsisessa vauraassa perheessä. Olin edellisenä keväänä päässyt ylioppilaaksi, mutta tiet korkeakouluihin olivat tukossa ja työpaikkaa pääkaupunkiseudulla oli lähes mahdotonta saada. Onnenpotkuksi osoittautui sanomalehti-ilmoitus, jossa lääkäriperheeseen haettiin kahta suomalaistyttöä äidin apulaisiksi. Vastasimme luokkatoverini kanssa ilmoitukseen ja tulimme valituiksi aika monista tarjokkaista. Yhdeksäntoistavuotiaana olin päättänyt, etten koskaan matkusta lentokoneella, mutta ennen kuin ehdin ehdottaa laivamatkaa, saimme lentoliput postissa. Siitä alkoi siihenastisen elämäni suurin seikkailu.

Kun matkustaa vielä sodasta toipuvasta Suomesta Yhdysvaltoihin, kaikki on ihmeellistä. Selvittyämme kaamean ukkosmyrskyn takia pakkolaskun New Foundlandiin tehneeltä lennolta puoli vuorokautta myöhässä Bostoniin, olimme niin väsyneitä, että vain moottoritien varren loppumaton ravintoloiden, huoltamoiden ja markettien valovirta piti meidät hereillä öisen automatkan aikana. Idyllisen Atlantin rannalla sijaitsevan kaupungin rakennukset hyvin hoidettuine pihoineen olivat kovin erilaisia kuin kotiseudun rintamamiestalot. Samoin oli koko ruokakulttuuri ja ison perheen arkielämä kolmine hyvin suunniteltuine aterioineen ja joka pyhäisine kirkossa käynteineen kauniisti pukeutuneina. Meille etsittiin luterilainen kirkko ja saimme sinne kyydin kerran viikossa, koska kirkossa kuului käydä säännöllisesti. Seurakunta otti avosylin vastaan ja koska perheen vanhemmat tunsivat vastuuta sivistyksestämme, meidät ilmoitettiin myös tennistunneille ja hollywoodilaisen julkkiksen tyylikouluun. Vapaapäivän saimme kerran viikossa, eri päivinä.

Koko elämään vaikuttava jälki syntyi maailmankuvaa avartavana vuonna lukemattomista eri asioista. Hankittu kielitaito oli myöhemmin hyödyllinen opintojen ja työpaikkojen suhteen. Suuren perheen arjen pyöritys lastenhoitoineen ja herkullisten aterioiden valmistamisineen olivat hyödyllisiä taitoja. Makumieltymykseni niin ruokien kuin asumisen suhteen muuttuivat radikaalisti.

Jäin koukkuun merenranta elämään. Tosin talven jäätävä viima Atlantilta tuntui kylmemmältä kuin Suomen sää ikinä, Atlantin rannat ja pyöräily viehättävästä pikkukaupungista toiseen oli luksusta, jota en ollut ennen kokenut. Joskus pakattiin valtavat piknik-korit mukaan ja vietettiin koko päivä perheen kanssa hiekkarannalla. Tällaiset retket ovat edelleen parhaita asioita, joita voin kesään kuvitella. Ehkä siksi pakenen vieläkin talven pimeiksi kuukausiksi Välimeren rannoille.

Sen jälkeen, kun olin saanut poikaystävän Uudessa Englannissa, pääsin osalliseksi myös sikäläisten opiskelijoiden syvällisistä keskusteluista. Eletiin Vietnamin sodan aikoja ja monet opiskelijat oli jo kutsuttu palvelukseen. Kun ystäväni sai kutsun ilmoittautua, hän sai opiskelun takia lykkäystä, eikä koskaan joutunut taistelutantereille. Keskustelumme laajenivat Vietnamin sota-asioista eri uskontoihin, kulttuureihin ja mystisiin elämän ilmiöihin. Amerikan vuoden lopulla teimme vielä ystäväni kanssa matkan sukulaisteni luo Kaliforniaan. Ajelimme maisemareittiä San Franciscosta Los Angelesiin ja nähtyäni ensi kertaa Tyynen valtameren, ihastuin sen pitkiin rantoihin ja upeaan aallokkoon. Mitkään pienet "lähiömeret" eivät ole koskaan tuntuneet miltään sen ja Atlantin jälkeen.

Amerikan vuosi jätti lähtemättömiä jälkiä, mutta niin on toki tehnyt pari muutakin isoa valintaa. Tietenkin avioliitto, ero ja lasten syntymät sekä turvallisen tuntuisesta urasta luopuminen ja yrittäjäksi ryhtyminen. Matkat maailmalle ja kaipuu jonnekin kauas jäivät ikuisiksi seuralaisiksi. Jos Yhdysvaltojen lisäksi olisi kolme maata, joissa vierailu on myös tehnyt minuun muita syvemmän vaikutuksen, ne olisivat Kreikka, Irlanti ja Italia. Jotain tuttua, jotain, joka vastaa kaukokaipuuseen, mutta ne ovat onneksi lähempänä. Kreikassa voi löytää itsestään filosofin, joka istuu levollisena oliivipuiden alla ja pohtii syntyjä syviä. Irlannissa kelttimytologia elää ja houkuttelee tutustumaan ikiaikaiseen viisauteen. Italian värikäs, tunnerikas arki on niin täynnä elämänvoimaa, että siellä harmaakin päivä muuttuu aurinkoiseksi hetkessä. Ympäristöllä on merkitystä. Jossain ihminen kokee olevansa enemmän kotonaan kuin jossain muualla. Kun matkat iän myötä harvenevat ja tulee aika asettua aloilleen, kokemuksista maailmalla on tullut osa omaa identiteettiä. On myös paljon muisteltavaa.

Inspiroivien vanhusten galleria

Jotkut ihmiset tarinoineen ja opetuksineen kiehtovat meitä niin paljon, että sillä on vaikutusta omiin valintoihimme ja arvojen kirkastamiseen. Jäin miettimään, keitä viisaita vanhuksia ottaisin mukaan omaan Inspiroivien vanhusten galleriaani. Ehdokkaita oli lukuisia ja yritin laittaa heidät eri kategorioihin. Pian kävi selväksi, että useimmat edustavat sekä yhteiskunnallisia vaikuttajia, henkisiä johtajia että inspiraatiotulien sytyttäjiä. Vaikka kaikki ovat itseäni iäkkäämpiä, minun on vaikea määritellä joitain heistä vanhuksiksi.

Dalai Lama (s. 1936)

Tiibetin korkein hengellinen johtaja ja eläkkeellä oleva poliittinen johtaja, neljästoista Dalai Lama, nimeltään Tenzin Gyatso, nykyinen Tiibetin Dalai Lama.

En koskaan unohda sitä hetkeä, jolloin Dalai Lama juhannuksena 2000-luvun alussa Finlandia-talossa sai täyden salillisen jännittynyttä yleisöä alle minuutissa rentoutumaan ja nauramaan omalla poikamaisella käytöksellään. Viisas mies ilman suurta egoa, aina yhtä utelias elämän ilmiöille. Tänä päivänä hän kiteyttää koskettavat sanomansa Twitterissä, kuin raikas tuulahdus jostain todellisesta kaikkien pelosta ja vastakkain asettelusta kumpuavien viestien keskellä.

Satguru Sivaya Subramunyaswami (1927–2001)

The Global Forum of Spiritual and Parliamentary Leaders for Human Survival valitsi Subramuniyaswamin ainutlaatuisen konferenssin hinduedustajaksi. Oxfordissa, Englannissa vuonna 1988, Moskovassa 1990 ja Rio de Janeirossa 1992 hän keskusteli ensi kertaa privaatisti satojen eri maiden uskonnollisten, poliittisten ja tieteellisten johtajien kanssa ihmiskunnan tulevaisuudesta tällä planeetalla. Elokuussa 2000 hän sai arvostetun YK:n U Thantin rauhanpalkinnon, joka oli aiemmin myönnetty Dalai Lamalle, Nelson Mandelalle, Mihail Gorbatsoville, Paavi Johannes Paavali toiselle ja Äiti Teresalle. Hän puhui 1200:lle hengelliselle johtajalle, jotka olivat kokoontuneet YK:n rauhan seminaariin vuosituhannen vaihteessa. Hänen viestinsä oli: Saadaksemme rauhan aikaan maailmassa, meidän täytyy lopettaa sota kodeissamme.

Jos Gurudevan tuntevilta ihmisiltä kysytään, mikä hänestä tekee niin erityisen, he saattavat viitata hänen syvään rauhallisuuteensa, läsnäoloonsa ja keskittyneisyyteensä. Tai hänen uskomattomaan kykyynsä inspiroida ihmisiä tekemään hyviä muutoksia elämässään olemalla kirkas valo heidän polullaan. Gurudeva yhdisti Idän ja Lännen parhaat ainekset. Amazon. comista vapaasti käännettynä

Sain ryhmieni kanssa tavata Gurudevan muutamia kertoja hindutemppelissä matkoillani Kauain saarella, Havaijilla. Elokuussa 2001 sain emännöidä hänen Pohjois-Euroopan risteilynsä lyhyttä pysähdystä Helsingissä. Olin suuresti inspiroitunut Gurudevan kirjasta Merging with Siva: Hinduism's Contemporary Metaphysics (Master Course Trilogy Book 3) ja työskentelin sen kysymysten ja harjoitusten kanssa kokonaisen vuoden. Sukelsin hindumetaforien taakse elämänopetuksiin, joista tein voimalauseet itselleni ja ystävilleni. Minulle kyse oli paljon enemmästä kuin uskonnon opinkappaleista. Koen olleeni etuoikeutettu saatuani henkilökohtaisesti tavata Gurudevan ja vierailla tämän vision pohjalta rakennetussa temppelissä monissa rakennusprojektin merkittävistä vaiheista.

Barry Brailsford (s. 1937)

Historioitsija, arkeologi Uudesta Seelannista. Maori vanhimmat valitsivat hänet jakamaan sukupolvilta toisille varjellut salaisuudet. Barry teki pitkän matkan tiedemiehen päästä sydämeen tajutessaan, että hän uskoo enemmän maorien hänelle paljastamaan historiaan kuin siihen, mitä hänelle oli opetettu yliopistossa.

Vuodesta 1990 Barry on omistautunut kokonaan kirjoittamiselle. Hänen kirjoihinsa on kätketty kaikki se historian kulku ja elämänohjeet, joita heimojen vanhat ja viisaat hänelle jakoivat. Ei opinkappaleina vaan vertauskuvien ja tarinoiden kautta.

Vuonna 1990 sadanneljänkymmenen heimon edustajat kokoontuivat Whangareissa päättääkseen, kuinka paljon vanhasta tiedosta paljastaisivat. Viiden päivän kuluttua he yhteisellä päätöksellä totesivat: Me olemme tukenasi kuolemaan asti, tarkoittaen, että annamme sinulle kaiken, mitä meillä on, elämämme, unelmamme, rukouksemme ja kaikkein pyhimmät aarteemme, esi-isien lahjoittaman viisauden.

Tapasin Barryn ryhmäni kanssa vuosituhannen vaihteessa Uudessa Seelannissa. Lyhyt tapaaminen ja tarinatuokio olivat niin vaikuttavia, että kutsuin Barryn seuraavana kesänä Suomeen tämän matkalla viemään toivorikasta viestiä maailman alkuperäiskansojen edustajille. Muutamassa kutsuvierastilaisuudessa maorien tarinoiden lumovoima saavutti myös Suomessa osallistujat, joista kaikki eivät edes ymmärtäneet kieltä.

Danah Zohar (s. 1945)

Danah Zohar on amerikkalais-brittiläinen kirjailija ja suosittu puhuja, jonka aiheet ovat fysiikka, filosofia ja johtaminen.

Zohar opiskeli fysiikkaa ja filosofiaa MIT:n yliopistossa ja suoritti jatkotutkimuksensa filosofiasta, uskonnosta ja psykologiasta Harvardin yliopistossa. Hän on Guizhoun yliopiston johtamistaidon opiston vieraileva professori Kiinassa. Financial Timesin Prentice Hall Book Business Minds nimesi hänet vuonna 2002 yhdeksi maailman parhaista johtamistaidon ajattelijoista.

Hän ehdotti henkistä älykkyyttä sellaiseksi älykkyyden lajiksi, joka ei istu perinteisesti mitattavaan älykkyyteen eikä erilaisiin tunneälyn määritelmiin. Hänen mukaansa henkinen älykkyys kumpuaa monimutkaisesta, elävästä ja joustavasta järjestelmästä. Hän suosittelee kvanttifysiikkaa persoonallisuuspsykologian ja työ- sekä sosiaalisten organisaatioiden ohjaavaksi vertauskuvaksi vastakohtana newtonilaiselle mekanistiselle ja konemaiselle metaforalle, jota Fredrik Winslow Taylor ja muut varhaiset johtamisen asiantuntijat käyttivät.

Ollessani vielä 90-luvulla esimiehenä kiihkeässä liike-elämässä, Zoharin johtamiskirja ReWiring The Corporate Brain teki minuun vaikutuksen. Se poikkesi kaikista muista lukemistani johtamisen kirjoista. Otin yhteyttä Zohariin ja kutsuin hänet

Suomeen puhumaan. Myöhemmin sain lukea ennakkoon hänen kirjansa Spiritual Intelligence – The Ultimate Intelligence. Vein myös suomalaisia esimiehiä vierailulle Cambridgeen kuulemaan Zoharia ja inspiroitumaan uudenlaisista johtamisen näkökulmista.

Carol S. Pearson (s. 1944)

Carol S. Pearson on amerikkalainen kirjailija ja kouluttaja. Hän kehittää käytännön läheisiä uusia teorioita ja malleja rakentaen ne psykiatri C. G. Jungin, psykoanalyytikko James Hillmanin ja mytologi Joseph Campbellin sekä muiden syvyyspsykologien oppien pohjalle.

Carol S. Pearsonin kirja The Hero Within: Six Archetypes We Live By tarjosi minulle kiinnostavan itsetutkistelun välineen, jota pystyin hyödyntämään monin tavoin. Niinpä otin yhteyttä Pearsoniin, kävin kirjeenvaihtoa hänen kanssaan ja kuuntelin joitain hänen esitelmiään. Hän on viimeisimmässä kirjassaan What Stories Are You Living avartanut aiemmin esittelemiensä jungilaisten arkkityyppien maailmaa entisestään. Pearsonin inspiroimana sukelsin ikiaikaisen muodon eri ilmentymien ja mahdollisuuksien maailmaan. Tajusin, että suurista unelmista syttyvä utopisti on aina asunut minussa, vaikka se välillä piiloutuukin.

Aila Norlamo (1922–2000)

Aila sai elämänsä aikana toimia lottana, sotilaskotisisarena, vaimona, äitinä, isoäitinä, saksan ja ruotsin kielten opettajana, reiki-hoitojen harjoittajana ja opettajana. Jo pelkkä Ailan läsnäolo tarjosi iloa, nöyryyttä, huumoria ja viisautta hänen oppilailleen ja autettavilleen.

Tapasin Ailan ehkä kymmenisen kertaa elämässäni, mutta sain häneltä aina rohkaisua, selkeyttä elämäni kiemuroihin ja valoisan esimerkin viisaasta tavasta vanheta. Hän rohkaisi minua lyhyiden kohtaamistemme aikana luottamaan omiin kykyihini ja sisäiseen tietämykseeni, vaikkei hän koskaan ollut virallinen opettajani tai ohjaajani. Aila auttoi minua näkemään oppimisen ja opettamisen ilon, optimismin ja luovuuden kautta, elämääni ohjaavina teemoina.

Henryk Skolimowski (1930–2018)

Henryk Skolimowski oli puolalainen ekofilosofi, joka oli myös tuottelias kirjailija ja runoilija. Ekofilosofian käsityksiin kuuluu, että maailma on pyhäkkö ja turvapaikka. Vaikka kuulumme tietyille asuinsijoille, ne eivät ole omaisuuttamme. Ne ovat kulttuurimme, henkisen ja hengellisen ravinnon lähde ja meidän on säilytettävä niiden vahingoittumattomuus ja pyhyys.

Sain olla Skolimowskin oppilaana yhden kesäisen viikonlopun ajan vuosia sitten. Noiden muutaman päivän aikana keräämäni inspiraation kipinät ja tallentamani muistiinpanot ovat kantaneet tähän päivään saakka.

Tuon viikonlopun aikana päätin, että vanhana ja toivottavasti viisaampana kirjoitan kirjan Mystiikan viisaus.

Tämä elämä

Päivä on livahtanut

Melkein huomaamatta

Täynnä kaikkea maallista.

En ole muistanut

Pysäyttää aikaa ja itseäni

Polvistuakseni

Elämän majesteetin eteen.

Miten voin antaa

Päivän liukua ohi

Osoittamatta kunnioitusta Elämälle?

Sen osoittamista

En ole koskaan katunut.

Sen laiminlyöminen

Saa minut tuntemaan itseni tyhjäksi.

Voidakseen kokea itsensä täydeksi

On joka päivä syleiltävä Elämää,

Mystistä ja loistavaa,

Pelkoa ja kunnioitusta herättävää.[4]

Olen kiitollinen kaikille opettajille ja inspiraationi lähteille. Henkisyys, vertauskuvat, tarinat, oman tien kulkeminen ja herkkyys löytää se, mikä on uskomusten ja opitun takana yhdistävät yllä luettelemiani opettajia. He ovat olleet rohkeita kyseenalaistajia, jotka ovat ympäristön paineista huolimatta seuranneet omaa kutsumustaan. Kaikki galleriani henkilöt ovat tai olivat erittäin inspiroivia opettajia ja omistautuivat muiden, tielleen osuneiden ohjaukseen elämänsä loppuun saakka.

Kyselin myös ikääntyviltä Facebook-ystäviltä heitä inspiroineista vanhuksista. Tässä joitain heidän mainitsemiaan esikuvia:

Aira Samulin on jollain tapaa aivan mainio ilmestys. Mutkaton jo nuorempanakin. Hän ehkä näyttää esimerkkiä siinä, ettei ole välttämätöntä mummoutua edes 90-vuotiaana.

Monet ovat olleet onnekkaita, kun heillä on ollut viisaita ja rakastavia isovanhempia.

Olen oppinut todella paljon mummoltani.

Molemmat isovanhemmat. Isoisien mukana pääsin vanhimpana

4 Henryk Skolimowski: Polvistun eteesi majesteetti

lapsenlapsena mukaan moniin paikkoihin. Mummot opettivat tekemään kaikenlaisia käsitöitä ja puutarhanhoitoa. Toki äiti opetti myös paljon.

Molemmin puolin on iso suku, häät ja hautajaiset sekä monet merkkipäivät opettivat tuntemaan kaukaisempiakin sukulaisia ja tulemaan toimeen kaikkien kanssa.

Isoäitini eli äidin äiti on vaikuttanut elämääni suuresti. Hän hoiti minua ja veljeäni monta vuotta äitini menehtymisen jälkeen.

Olin silloin 6-vuotias ja veljeni 11-vuotias. Mammamme, kuten häntä kutsuimme, oli vanhan ajan ihminen ja sodat käynyt.

Rakas ja viisas käytännön ihminen. Muistan häntä kiitollisuudella ja rakkaudella. Olen oppinut häneltä paljon elämän viisauksia ja saanut häneltä paljon sisukkuutta ja henkistä resilienssiä.

Ritva Oksanen on ihminen, joka on osoittanut, että kun hoitaa itseään, on vanhanakin paljon annettavaa. Hänellä on jatkuvia kipuja monien onnettomuuksien vuoksi, mutta hän on oppinut elämään niiden kanssa. Hän viihtyy yksin eikä kaipaa miestä elämäänsä. Hän on hyvä esimerkki.

Millaisia oppaita sinulla on elämän tiellä?

Lukijan pohdintaan

- Onko elämässäsi tapahtunut ihmeitä?

- Millainen on suhteesi kuolemaan?

- Mitä teet, kun maailma on kylmä ja olet yksin?

- Mitkä ovat sellaisia "heimoja", joihin haluat kuulua?

- Onko sinulla viisaan vanhuuden esikuvia? Millaisia? Mitä olet heiltä oppinut?

- Mitkä ovat sinun elämäsi käännekohtia? Miten ne näkyvät elämäsi tarinassa?

Osa 4

Loitsuja vanhuuden varalle

Ikääntymiseen on olemassa nuotit ja jokainen kirjoittaa ne elämänsä aikana nuotti nuotilta itselleen. Niin makaat kuin petasit.

Reino Knaapila

Inspiraatiotulilla

Hopeiset hiukset Ja kultainen sydän. Viisaasti elettyjen vuosien arvokas sato.

Maria Alstedt

Koska jokainen meistä on ikääntyessään oppinut paljon asioita, kysyin kohtaamieni ihmisten parhaita loitsuja vanhuuden varalle. Tällaisia vastauksia sain:

Valitse omat ohjeesi

Vanhuuden nuotit? Paljon ohjeita annetaan ja niistä voi jokainen valita omat, itselle, soveltuvat osat. Ja onhan hyvä, että tuodaan eri mahdollisuuksia esille, asiaa tutkitaan ja hutkitaan. Luulen, että ihmiset tekevät suunnitelmat taipumustensa ja mahdollisuuksiensa mukaan – valinnanvaraa löytyy. Tämä

sukupolvi ei ole kiikkustuoliin sidottu, vaikka kiikkuminen
sinänsä on hyväksi. Tiedä mitä se saa liikkeelle?

Maria Lehtinen

Paneudu itseäsi kiinnostaviin asioihin

Nauti uudenlaisesta vapaudesta ja löydä merkityksellistä
tekemistä. Merkityksellinen elämä on minulle sitä, että voin
harrastaa niitä asioita, mitkä kiinnostavat minua. Rakastan
kirjastoa. Kirjastosta lainaan kirjoja laidasta laitaan.
Elämänkerta-, romaani-, ruoka-, luonto-, tieto-, omahoito-,
rajatietokirjat sekä enkeliaiheiset kirjat mm. lähtevät mukaan.
Sukututkimus ja kaikki mikä liittyy valokuviin ja kuvaukseen
on mieluisaa sekä lastenlasten kanssa vietetty aika ja luonto.

Ritva Vänskä

Vapaudu tarpeesta muuttaa maailmaa

Haluaisin ajatella, että jätän maailman lempeämpänä paik-
kana. Minulla ei ole suurta tarvetta tehdä isompia muutoksia.

Chris Alleyne

Ole utelias

Pitää aina olla utelias ja yrittää ajatella optimistisesti. Pessimismiä on hirveästi tarjolla ja siihen on mahdollista upota, mutta se ei auta mitään. Pitää seurata sitä, mistä on kiinnostunut ja olla utelias sen suhteen.

Marja Holmila, tutkimusprofessori emerita

YLE:n uutisissa

Varaudu käytännön toimenpitein

Varaudu vanhuuden tuomiin muutoksiin Varautumista on mielestäni se, että tekee itselleen testamentin, hoitotestamentin ja jos on puoliso rinnalla, niin keskinäiset edunvalvontavaltakirjat. Järjestää omat paperinsa niin, että ne jälkipolvikin löytää. Meillä on nämä kaikki tehty ja on käyty läpi myös lasten kanssa kyseiset asiat ja paperit. Hoitotestamentin olen kopioinut myös Omakantaan. Hautatestamenttia mietin vielä. Omaisuuden kanssa, me ollaan suunniteltu, että kun voimat vähenee, niin myydään omakotitalo ja muutetaan kaupunkiin vuokralle. Ei ole jälkipolville sitten mitään suuria rasitteita meidän jälkeemme.

Ritva Vänskä

Vietä aikaa lasten kanssa

Yksi aikaansaannoksistani, joka nousee mieleen, ovat välit lapsen-lapsieni kanssa. Voisin sanoa, että olen kasvanut heidän rinnallaan ja elänyt heidän muutoksiaan kasvun aikana. Me ollaa luettu satuja ja laulettu lauluja. Piirustuspapereita, värikyniä ja värityskirjoja on aina ollut olohuoneen pöydällä tarjolla. Olen antanut heille aikaa ja olen ollut läsnä aina kun tapaamme. Pysyn itsekin "ajan tasalla" heidän touhujaan katsellessa ja he mielellään "opastavat" mummia. En halua olla kaikkitietävä, vaan voin sanoa reilusti, että en tiedä, mutta tutkitaan.

Aseta perhe etusijalle, älä uhraa itseäsi työlle

Yksi elämänohjeista oli olla uhraamatta itseään työlle, sillä perhe on työtä tärkeämpi. Moni meistä on surrutkin sitä, ettei aikoinaan viettänyt riittävästi aikaa perheensä kanssa. Isovanhemmilla on halutessaan parempia mahdollisuuksia viettää aikaa lastenlas-tensa kanssa ja iloita heidän eri elämänvaiheistaan. Sukupolvien välisten yhteyksien rakentaminen, toisiltaan oppiminen ja näköalo-jen avartaminen voivat olla tärkeitä sekä lapsille että vanhuksille.

Tee asiat omalla tavallasi

Olen huomannut, että käsittelen tilanteita [tässä iässä] tehokkaammin, olen vähemmän huolissani muiden mielipiteistä ja tunnen paljon enemmän rauhaa itseni kanssa. Olen aina yrittänyt tehdä asiat omalla tavallani. En voi ajatella ketään henkilöä, jota haluaisin jäljitellä.

Chris Alleyne

Tärkeysjärjestys on muuttunut. Ellei ole pakko nousta, niin nautin hitaista aamuista. En lähde, tee sopimuksia, aamupäiväksi ellei ole pakollinen tarve.

Maria Lehtinen

Parasta tässä iässä on vapautuminen henkisistä kahleista. Se alkaa jo nelikymppisenä. Nyt viisivitosena, itsellisenä naisena minun ei tarvitse olla hyväksytty. Riittää, että olen sellainen kuin olen.

Ringa Ropo
Ilta-Sanomat

Valitse ystäväpiirisi

Paitsi lisääntynyt vapaus tehdä, mitä haluaa, vanhuuden etuoikeuksiin nousi vapaus valita ihmiset joiden kanssa seurustelee. Valitse sellaisia ystäviä, joiden seurassa aidosti haluat olla. Sellaisia, jotka ovat kannustavia, eivätkä ime voimavarojasi.

Elä päivä kerrallaan

Yksi vanhus, joka on mennyt rajan taakse pari vuotta sitten, oli sellainen, jota ihailin. Hän oli mukava juttumies. Hän eli päivän kerrallaan ja vaivaa olisi ollut vaikka toisille jakaa. Hän ei valittanut vaivojaan ja säilytti huumorinsa ja rauhallisuutensa ihan viimeiseen asti. Hän oli kuollessaan 91 vuotta.

Ritva Vänskä

Anna itsellesi anteeksi

Kun aloin tutkimaan itseäni ja omaa luonnettani, niin löysin kirjastosta Heiskasen Helin kirjan "Herkkyyden voima" ja muutaman muun samaa aihetta käsittelevät teokset. Silloin tajusin paljon itsestäni. Minussa oli paljon herkkää introverttiä. Monelle lapsuuteni tapahtumalle löytyi selitys sekä myös näiden ruuhkavuosien monelle tapahtumalle ja omalle käytökselleni, joista oli morkannut itseäni ja potenut huonoa

omaatuntoa. Aloin tajuta mikä on "naisen matka" lapsuudesta
aikuisuuteen. Aloin antaa itselleni pikkuhiljaa anteeksi.

Ritva Vänskä

Oppia ikä kaikki

Olen huomannut olleeni nuorena pätevä, oppiva ja osaava
ilman että korostaisin itseäni. Opin edelleen mitä haluan oppia,
osaan mitä haluan osata. Toiset saavat tänään arvioida olenko
vielä pätevä. En ole koskaan asettanut itselleni tavoitteita vaan
luottanut siihen, että tietäni ohjaa minua suurempi voima. Se
on johtanut yhteensattumiin, joita en olisi tietoisella suunnit-
telulla tavoittanut. Olen oppinut, että tämänlainen minä on
kohtuullisen hyvä.

Reino Knaapila

Jos olisi kysymys kouluaineista haluaisin oppia matematiik-
kaa, ranskaa ja filosofiaa. Seuraavaa elämääni silmällä pitäen
haluaisin oppia luottamusta elämänmyönteisyyttä (sitä ei
tunnu olevan koskaan liikaa) ja tässä hetkessä elämisen tai-
toa. Rohkeus liittyy näihin edellisiin. Huolestuttaa kuitenkin se
tapa, millä nämä taidot joutuu hankkimaan. Nehän syntyvät
elämän kokemusten myötä ja epäilen, etteivät niiden mukavien.

Kaija Riikonen

Huolehdi sekä mielenterveydestäsi että fyysisestä kunnostasi

Monet ehdottivat pysyttelemistä sekä fyysisesti että henkisesti aktiivisena tärkeimpinä nuotteina vanhenemiseen. Terveellinen ravinto, liikunta ja kiitollisuuden harjoittaminen sisältyivät näihin. Paljon maailmaa nähnyt ystäväni Cristina suositteli myös matkailua silloin, kun siihen vielä kykenee. Ja sellaista avointa mieltä, ettei kuvittele tietävänsä kaikkea.

Pysy valppaana

Luulenpa, että juuri nyt meidän on heitetty hetkessä elämistaidon matolle. Olen ollut huomaavinani tiettyä järjestystä opiskelussa. Ensin elämä kysyy kohteliaasti, sitten seuraavat työkalut ja lopuksi pläjähtää tatamimatolle. Kyse on myös opetettavan hoksaamisesta kyselyn tullessa ja kannattaa olla tarkka, mitä toivoo.

Kaija Riikonen

Harrasta asioita, joista saat hyvän mielen

Olen liittynyt runo- ja taideryhmiin. Olen tavannut ihmisiä, joihin en olisi törmännyt työssäni. Olen oivaltanut, että erilaisten ihmisten seura on minulle tärkeää, sillä kaipaan vieläkin monia potilaitani. Puutarhanhoito on aina ollut osa elämääni.

Nyt suhteeni siihen on muuttunut. Se, että vietän aikaa puu-
tarhassa itsekseni ja uppoudun sen kasvien opiskeluun, on
muuttunut tärkeämmäksi.

Jan Petty

Tee jotain uutta ja erilaista. Suunnittele!

Kehitä itseäsi

Kehitä jotain sellaista taitoa, jonka voit tehdä miellyttävällä ja leppoisalla tavalla. Hyödynnä taitojasi vapaaehtoistyössä.

Huolehdi ulkonäöstäsi

Pidä huolta ulkonäöstäsi, vaikkei se tuntuisikaan tarpeelliselta. Ulkonäkökysymys on toisille suurempi haaste kuin toisille. Ikääntyvien naisten ulkonäköpaineet nousevat aika ajoin myös julkiseen keskusteluun. Iltasanomissa haastateltiin tunnettuja suomalaisia naisia heidän suhteestaan omaan kehoonsa.

Ikääntyminen on muutoksen hyväksymistä, mutta se ei ole vain tylsää ja ikävää. Parasta on vapaus. Tietää kuka on ja on tullut tutuksi oman kehonsa kanssa. Ei ole paineita raskaudesta. Keho on vain itseä varten. Arvokasta on myös se, että yleensä yli viisikymppinen on jo kokenut menetyksiä. Tässä iässä osaa jo elää hetkessä ja ymmärtää, että elämä on itse asiassa luopumista. Liiallisen omnipotenssin karisuttaminen on vapauttavaa. Se vapauttaa myös suhteessa kehoon.

Pippa Laukka, lääkäri

Ilta-Sanomat 16.5.2021

Muista nämä

1) Se, mitä muut sinusta ajattelevat, on heidän asiansa.

2) Hunaja houkuttelee enemmän kärpäsiä kuin etikka.

3) Perheesi on tärkeämpi kuin työsi. Muista se, kun jaat aikaasi.

Chris Alleyne

Harjoittele mielen tyyneyttä

Kaikki on hyvin, kun mieli on levollinen. Teemme parempia päätöksiä, olemme fiksumpia, tunneälykkäämpiä, luovempia ja enemmän läsnä. Kun olemme tyyniä, meillä on yhteys parhaaseen itseemme.

Tri Emma Seppälä

Harrasta kiitollisuutta

Elämäni saa merkityksellisyyttä kiitollisuudesta. Siitä, mitä minulla on nyt: turvallisesta, pitkästä parisuhteesta ja siitä, miten onnekas olin, kun minulla oli tyydytystä tuottava työ.

Jan Petty

Ole kiitollinen siitä elämästä, joka sinulla on

Toimittaja kysyi 104-vuotiaiden kaksosten Hilkka ja Sirkka Routian pitkän iän salaisuutta. Huumori ja täysi elämä, sanotaan juhlavieraiden joukosta. Mutta kun toimittaja kysyy vastausta syntymäpäiväsankareilta, muut hiljentyvät kuuntelemaan. Tyytyväisyys siihen elämään, mitä on annettu. Että on hyvin kiitollinen kaikesta, mitä on ollut. Kiitän kaikkia ystäviä ja kaikkia ihmisiä, joita on ympärilläni ollut. Se on ollut suuri lahja. Ihan joka ikiselle ihmiselle, jonka kanssa olen ollut tekemisissä. Toivotan oikein siunattua elämää, sanoo Hilkka. Se on niin suuri asia. Jätetään Herran haltuun. Herra on sallinut tämän ja sillä hyvä, jatkaa Sirkka.

Tanssin ja laulan, taitan ikävyyden kaulan. Pistän lusikkani joka soppaan, ujostelemisesta toppaan.

Eila Järveläinen

Kun illalla kellahtaa sänkyyn, huolet pitää olla puhuttuina ja murheet käsitelty.

Lempi Lindberg (95 v.)

Helsingin Sanomien artikkelissa Sysmän salaisuus

Emeritusprofessori Eino Heikkinen on todennut, että vanhuuden onnellisuus on elämänmittainen projekti. Eletty elämä – aika itsessään – toimii vanhuuden voimavarana ja mielen resurssina.

Kulje polkuasi lempeästi, sitä tietä, jota rohkeus ja irti pääs-tämisen taito ovat valmistelleet. On aika päästää irti hallin-nan tarpeesta..

Barry Brailsford

*Vuodet eivät kiidä ohitsesi, Vaan tanssivat
Jokaisessa hetkessä kanssasi. Uneksi huomisesta
Elä tänään, muistele eilistä.
Sillä hyvä on oppia elämää elämällä.*

Lions-adressista

Huna-filosofia – luovaa viisautta

Onnellisuus on motivaation lähde, ei päämäärä.

Serge Kahili King

Kun elämän seikkailu vie minut varjoihin, joissa hapuilen valoa, palautan mieleeni Huna-filosofian, joka avaa rajattomasti mahdollisuuksien ikkunoita. Monien Havaijilla viettämieni jaksojen aikana tutustuin hunaan niin kirjojen kuin kysymyksiin ja vastauksiin pohjautuvien istuntojen aikana. Kaukaisten saarien lempeässä aloha-asenteessa tuntui olevan sekä viisautta että voimaa. Se tuntui myös arjen ystävällisyytenä ja näkyi jopa hula-tanssin pehmeissä liikkeissä. Taustalla tuntui vallitsevan yllättävän yksimielinen ymmärrys siitä, että jos sinä voit hyvin, minäkin voin paremmin. Autat itseäsi, kun autat muita. Kannattaa siis olla avulias, ystävällinen ja rakentaa rauhaa meidän kaikkien iloksi. Kun keskittyy näkemään sitä, mikä on kaunista, hyvää ja toivottavaa, tulee samalla vahvistaneeksi omaa luottamustaan siihen, että se on mahdollista.

Hunan mukaan voimme tarkastella todellisuutta neljältä eri tasolta.

1. Kaikki on objektiivista. Voimme selittää ilmiöitä tukeutuen teorioihin, määritelmiin ja hienoihin sanoihin.

2. Kaikki on subjektiivista. Otamme vastuun omista valinnoistamme, joista syntyy erilaisia seuraamuksia.

3. Kaikki on symbolista. Elämä on illuusio ja sitä voidaan selittää monin eri tavoin.

4. Kaikki on holistista. Elämänvoima on jatkuvaa virtausta. Kaikki vaikuttaa kaikkeen. Myös tunteet ovat aaltoja, ne muuttuvat.

Se valo, inspiraatio ja ilo, jonka vihreiden vuorten, vesiputousten ja pauhaavien maininkien äärellä elävästi koin, sytyttää edelleen hentoja valonsäikeitä muistoistani. Yksi hyviä rituaaleja pimeissä laaksoissa onkin palata muistoissaan kokemuksiin, jotka ovat olleet kirkkaita, onnellisia ja kauniita.

Huna-viisaus pohjautuu seitsemään johtopäätökseen todellisuuksista. Niitä kuvataan tiivistetysti havaijinkielisillä sanoilla Ike, Kala, Makia, Manawa, Aloha, Mana ja Pono.

Avaan ne tähän lyhyesti.

Ike   Maailma on sellainen, miksi sen kuvittelet.

Kala   Ei ole olemassa rajoja.

Makia   Energia virtaa huomion suuntaan.

Manawa   Nyt-hetkessä on voima.

Aloha   Rakkaus on olla onnellinen siitä, mitä on.

Mana   Kaikki voima tulee sisältäsi.

Pono   Tehokkuus on totuuden mitta.

Huna pyrkii harmoniaan sekä itsen, yhteisön että ympäristön kanssa. Tämän kirjan ensimmäinen luku väitti, että asenteesta riippuu kaikki. Jos minulla olisi vankka luottamus Hunan elämänohjeisiin, voisinko elää sopusoinnussa missä tahansa tilanteessa? Ainoa tapa löytää vastaus on kokeilla ja katsoa, mitä tapahtuu. Näinhän seitsemäs viisaus Ponokin lupaa, se mikä toimii, on totta. Mitä Huna voi tarjoilla tähän ikäihmisen elämänvaiheeseen? Leikitään ajatuksella.

Ike

Kuvittelen, että juuri nyt elän yhtä elämäni mielenkiintoisimmista vaiheista. Edessäni on seikkailun paras osio. Minulla on jo riittävästi elämänkokemusta ja viisautta selvitäkseni kaikesta, mikä eteeni sitten tuleekaan. Tiedän, että olen enemmän kuin fyysinen kehoni. Tiedän, että asenteellani on merkitystä eikä mikään tunne jää seurakseni pysyvästi.

Kala

Minä itse asetan itselleni ja mahdollisuuksilleni suurimmat esteet ostamalla rajoittavia uskomuksia siitä, mitä tässä iässä on mahdollista tai sopivaa tehdä. Fyysinen kehoni ei ehkä pysty kaikkeen, mihin toivoisin, mutta voin löytää rajattomasti tapoja tehdä huikeita asioita luovuuteni ja mielikuvitukseni avulla. Kuka sanoo, etten voi lentää? Tietysti voin. Luopumalla sellaisista ennak-koehdoista, koska, miten paljon tai miten täsmälleen asioiden pitäisi tapahtua, avautuu aina uudenlaisia mahdollisuuksia. Myös aika on illuusio. Voin vaivatta siirtyä menneisyyden ja tulevaisuu-den välillä tai napata kiinni hetkestä.

Makia

Kun tiedän, että se, mihin keskityn, lisääntyy, puen ylleni silmälasit, joilla näen sitä, mikä on kaunista ja hyvää. Löydän mahdollisuuksia sieltä, missä muut eivät niitä ehkä näe. Nappaan kiinni opetukset näennäisistä vaikeuksistani. Ymmärrän, etten olisi minä ilman historiaani, joka on tarjoillut loistavia opinpaikkoja. Etenkin olen muuttunut taitavammaksi keräämään arjen pieniä onnen murusia.

Manawa

Onnekseni olen jo kyllästynyt murehtimaan huomista, sillä usein huoleni ovat olleet turhia. Eilisen ikävät muistot eivät enää ole todellisia, joten päästän niistä irti yhä taitavammin. Tiedän, että useimmiten kaikki on hyvin juuri nyt. Tässä hetkessä valitsen tunteeni ja seuraavat siirtoni tässä pelissä. Jos mieleni on levoton, voi rauhoittaa sen hengityksellä, tuomalla huomioni harhailemasta jossain kuvitelmissa. Mielen palauttaminen nyt meneillään olevaan hetkeen, on elämän ikäisen harjoittelun paikka. Tulen aina vain taitavammaksi siinä lajissa.

Aloha

Olemalla kiitollinen siitä, mitä minulla nyt on, elämäni tuntuu rikkaalta. Olen elossa. Olen saanut uuden päivän. Minulla on vielä monia taitoja, toiveita, kenties unelmiakin. Olen osa yhteisöä ja osa ihmiskunnan historiaa erittäin jännittävässä seikkailun vaiheessa. Voin tehdä valintoja ja vaikuttaa. Voin ottaa jo rennommin, sillä tiedän, ettei täydellisyyden tavoittelija pääse koskaan perille eikä minun tarvitse verrata itseäni toisiin. Tämä on minun tarinani, värikäs ja ainutkertainen. Jokailtainen kiitollisuuden rituaali antaa minulle luottamusta ja elämäniloa.

Mana

80-luvun sankarihahmolla He-Manillä oli voimalause: "I have the power", jota pikkupojat esimerkkiä seuraten hokivat. He-Man oli selvästi opiskellut Hunan seitsemättä prinsiippiä. Muistan itsekin kokeilleeni samaa voimalausetta ja aina tuli vähän kyvykkäämpi olo. Elämänvoima on meissä. Ympäristö, olosuhteet ja muut ihmiset vaikuttavat meihin, mutta voima kuvitella, olla, valita ja tehdä on meillä itsellämme. Meillä on lupa olla myös heikkoja ja voimattomia. Akkuja voi ladata monin erilaisin keinoin niin kauan kuin elämää riittää. Ehkä nappaan He-Manin voimalauseen takaisin käyttöön!

Pono

Tehokkuus on totuuden mitta. Neuropsykologian opinnoissa ilmaisimme tämän: se, mikä toimii, on totta. Siihen löytyy sopivasti jatko: jos jokin ei toimi, tee jotain toisin. Aina löytyy jokin erilainen tapa tehdä asioita. Näkökulma laajenee myös niin, että jos joku osaa, ottamalla täsmälleen samat askeleet, se on mahdollista muillekin. Eikö koko elämä ole testaamista? Mitä tapahtuu, jos teen näin? Opimme pienestä asti kokeilemalla. Tähän ikään mennessä on jo kokeillut ja oppinut aika paljon. Ehkä senkin, ettei kannata lähteä kilpailemaan siitä, kenen totuus on parempi.

Jos haluat elämäsi seikkailussa testata Huna-ohjeiden toimivuutta, nappaa arkeen sellaisia, jotka tarjoavat uusia näköaloja, rohkaisevat ja lohduttavat.

Muita hyödyllisiä uskomuksia

Vanhuus on luonnollinen elämänvaihe siinä, missä lapsuus, nuoruus ja keski-ikäkin. Ihminen on yksilö kaikissa elämänvaiheissaan. Kaikki elämänvaiheet ovat merkityksellisiä. Voit itse päättää, koska olet vanha. Ainoa ero elämää uhkuvan nuoren ja hauraan vanhuksen välillä on aika.

John O'Donohue: Anam Cara

Mysteerikoulun pieniä ja suuria tehtäviä

Olet nyt tutustunut monien ikääntyvien ihmisten valintoihin ja oivalluksiin. Toivottavasti inspiraatiotulilta on singahdellut ideoita ja rohkaisun kipinöitä. Kun ajattelet omaa tarinaasi, näyttääkö se sinulta vai elääkö sinussa joitain toteutustaan odottavia unelmia ja ideoita? Aika on ainoa todellinen pääomamme ja aikaa on vielä jäljellä. Vaikka ympäristö ja olosuhteet määrittelevät kohtaloamme, jokapäiväiset valinnat ovat kuitenkin omiamme. Joskus meillä on kirkkaita visioita ja joskus vaellamme usvaisemmilla poluilla. Elämä tarjoilee myös yllätyksiä. Olen jakanut alla joitain ideoita, joista voit poimia oman oloisiasi.

Vapaaehtoistyö

Iäkkäät järjestöaktiivit toimisivat mielellään samoissa järjestöissä nuorempien kanssa, mutta tämä ei kuitenkaan välttämättä onnistu. Usein käy niin, että eri ikäpolvet erottautuvat omiin porukoihin. Yhdessä toimiessa eri ikäryhmät voivat oppia toinen toisiltaan, todetaan E2-tutkimuksessa. Sukupolvet ylittäviä ongelmia on maailmassa paljon ja se saattaa edistää ylisukupolvista auttamistyötä. Jos sinulla on voimavaroja ja halukkuutta, mene rohkeasti mukaan sinne, millaiseen auttamiseen tunnet vetoa. Mysteerikoululaiset rakentavat taikaverkostoja, sillä kolmas ikä on itsensä toteuttamisen, uusien mahdollisuuksien, riippumattomuuden ja uudenlaisen toimeliaisuuden aikaa.

Peilit – kuka olen?

Tutustu jungilaisiin arkkityyppeihin, enneagrammiin tai muuhun kiinnostavaan malliin peilata sitä, kuka olet ja millaiseksi voit kasvaa. Yksi tärkeimmistä hyvän elämän rakennuskivistä on oman itsen tuntemus ja siitä kiinni pitäminen, todetaan suomalaisten ikänaisten keskuudessa tehdyssä E2-tutkimuksessa. Mieti omia luovuttamattomia arvojasi, mikä on sinulle tärkeää, mikä tuottaa haasteita ja mitä olet oppinut elämän koulussa.

Kokeile reppuvihkoa Tapio Aaltosen tyyliin luvusta Reppumatka oman sisällön tuottajaksi.

Oppaat elämän tiellä

Oman Inspiroivien vanhusten gallerian löytäminen. Mitä nämä esikuvat sinulle viestivät?

Mysteerit

Tutustu kuoleman mysteeriin. Mikä sinua pelottaa ja mikä tuo lohtua?

Loppusanat

Paratiisissa elävät tuntevat onnea nimenomaan siksi, että heidän mahdollisuutensa ovat saaneet toteutua. Elämä on käyttänyt heistä kaiken, mikä heidän mahdollisuuksiensa rajoihin mahtuu.

Heinonen, toim.

Senioriteetti voimavarana -kirjasta

Sain inspiraation tähän kirjaan halutessani todistaa, että ihmiset ovat yksilöitä myös vanhoina. Tarinoita on monenlaisia. Ettemme hukkuisi yleistykseen ikääntyneistä tai vanhuksista, meidän on otettava puheenvuoro ja kerrottava ajatuksistamme, unelmistamme ja elämästämme. Ehkä siitäkin syystä, ettemme itse valahtaisi liian ahtaaseen rooliin. Kuten aina, kirjan idea kirkastui ja laajeni matkan varrella. Vaikka elämäntarinat ovat erilaisia, kaikkia tuntuu yhdistävän merkityksellisen elämän etsintä ja tarve elää todeksi omaa syvintä olemusta. Lohdullista on, että merkityksellisyyden kokeminen voi syntyä hyvin monin tavoin.

Samoihin aikoihin, kun kirjoitin näitä viimeisiä sivuja, ilmestyi Danah Zoharilta inspiroiva blogikirjoitus. Sen lopussa hän käytti elämästä kolmea vertauskuvaa. Jotkut ajattelevat elämää seik-kailuna, jonka jokainen palanen paljastaa hieman lisää meistä itsestämme. Toiset ajattelevat, että elämä on jatkuvaa kamppailua. Taistelut, jotka meidän on taisteltava vahvistavat meitä ja antavat viisautta valita oikein. Kolmas metafora on Zoharille itselleen mieluisin:

Ajattelen elämääni rukouksena. Todelliset rukoukset eivät ole vain pyyntöjä Jumalalta. Sen sijaan rukouksessa kysytään itseltä: Mitä voin antaa? Ketä voin auttaa? Miten voin palvella? Millainen tarkoitus elämälläni tässä maailmassa on ollut? Mitä muutosta olen saanut aikaan? Millaisia jalanjälkiä ajan hiekkaan jää jälkeeni? Tätä tarkoittaa elämän näkeminen rukouksena. Sitä, mitä annan ja miten palvelen. Miten olen muuttanut maailmaa.

Jos elämän mysteerikoulussa olet päätynyt ryhmään, jotka ajattelevat elämän olevan taistelua, olkoon tulevat kamppailusi sellaisia, joista selviät helposti viisaan mestarin tavoin. Jos olet valinnut meidän seikkailijoiden ryhmän, ammenna elämänvoimaa ja iloa uusista yllätyksistä. Ja jos elämäsi on jatkuvaa rukousta, tuottakoon ainutlaatuinen roolisi yhteisessä tarinassamme sinulle hyviä kohtaamisia ja runsaasti onnen hetkiä.

Mysteerikoulun kirjasto

Pikapuoliin me olemme ne esi-isät, jotka jättivät jälkensä ihmiskunnan tarinaan. Meidän jälkiemme päälle on seuraavilla sukupolvilla mahdollisuus rakentaa jotain vielä parempaa. Eletyn elämän kertomukset ovat arvokkaampia kuin mitkään teoriat. Ne ovat totta. Ne kiehtovat. Ne auttavat meitä rakentamaan siltoja omiin ajatuksiimme ja kokemuksiimme. Ne eivät uhkaa ketään. Ne voivat rohkaista, lohduttaa ja herättää uusia ideoita. Ne ovat edellä kulkijoiden ottamia askelia.

Media tarjoaa meille turhan paljon keskustelua huoltosuhteesta ja ikääntyvien aiheuttamasta taloudellisesta rasitteesta. Epäkohtiin keskittymisen rinnalle tarvittaisiin viestejä arvostuksesta ja rohkaisua ylisukupolviseen osallistumiseen, ajatustemme ja osaamisemme jakamiseen. Monet meistä osallistuvat keskusteluun kirjoittamalla itse. Jos olemme näppäriä sosiaalisessa mediassa, omien ajatusten esille tuominen on melko vaivatonta.

Minusta tuntuu myös, että yhä useammat työelämästä vapautuneet ystävät joko kirjoittavat kirjaa tai uneksivat sellaisen tekemisestä. Itselleni kirjoittaminen on osa elämääni ja eräänlaista terapiaa, tapa selkeyttää omia ajatuksia. Suosittelen kirjoittamista sellaisella otteella, jossa itsekriittisyyttä ei päästetä turhaan latistamaan tunnelmaa. Voit kirjoittaa vain itsellesi miettimättä heti, että tekstin tulisi olla julkaisukelpoista. Pääasia on saada ajatukset paperille, hiominen, korjaaminen ja arviointi ovat vuorossa myöhemmin, jos niin haluat. Ehkä omassa kirjastossasi on myös hyllyt päivä- ja muistikirjoillesi.

Ikääntymisen mysteerikoulussa tarvitsemme rohkaisevia, toivoa herättäviä, viisaita ja vavahduttavia kirjoja nähdäksemme, ettemme tee matkaa ypöyksin. Moniin tarinoihin on kätketty loitsuja, joita tarvitsemme rohkaistuaksemme jatkamaan matkaa silloin, kun se tuntuu vaikealta. Jotkut teokset ovat kuin majakoita kirkastaen reittejä, joita emme aiemmin huomanneet. On myös kirjoja, joiden elämänmyönteisyys ja ilo ei tahdo pysytellä kirjan kansien sisäpuolella. Niillä on oma tärkeä tehtävänsä. Kirjastosta on hyvä löytyä myös iltasatuja, joiden lempeään ja lohdulliseen tunnelmaan on turvallista nukahtaa.

Kysyin Mysteerikoulun Facebook-sivuilla, millaisia voimakirjoja ikääntyvillä ystävilläni on. Tein niistä tällaisen listan:

- Anthony De Mellon kirjat valaisevat aina olemista. Tietoisuus, tietoisuus, tietoisuus. Näin muistan elää ikään kuin valot päällä.

- Jaana-Mirjam Mustavuori: Aistit auki! Anna elämän koskettaa. Elämä maistuu niin paljon paremmalta, kun elää aistit auki, kun todella näkee, kuulee, maistaa, haistaa, tuntee, aistii koko kehollaan ja on läsnä arjessa ja juhlassa.

- Benjamin Hoff: Nalle Puh ja Tao

- Tulku Thondup: Mielen parantava voima

- Andrew Matthews: Seuraa sydämesi ääntä – Löydä tarkoitus elämääsi!

- Karen Casey, Martha Vanceburg: Uuden aamun lupaus

- Kirjaset: Arvosta itseäsi: Ota rennosti, Stressiterapia, Ole itsellesi hyvä, Ole parempi itsellesi, Huolehdi myös itsestäsi ja Rauhaa

- Paljon NLP-kirjoja, Tove Janssonin ja Märtha Tikkasen kirjoja.

- Monet ja monenlaiset runot.

- Natthikon Saatan olla väärässä.

- Eino Leinoa välillä itsekseni laususkelen.

- Eckhardt Tollen Läsnäolon voima.

- Mia Kankimäki: Naiset, joita ajattelen öisin on voimakirjani.

- Joskus kauan sitten, kun podin masennusta, luin usein kirjaa Masennuksen turvallisuus ja toivo.

- Richard Bachin Lokki Joonatan.

- George Orwellin kirjassa Eläinten vallankumous.

- Mika Waltari: Sinuhe Egyptiläinen. Se oli yksi niitä kirjoja, joissa jouduin "aikakuplaan."

- Isä Johannes: Valamon vanhuksen kirjeitä.

- Henryk Skolimowskyn kirja Ekojooga teki vaikutuksen.

- Joel Haahtela. Adelen kysymys, Jaakobin portaat, Hengittämisen taito, Elena, Mistä maailmat alkavat.

- Anna-Mari Kaskisen runot.

Tätä kirjaa tehdessäni ovat myös seuraavat teokset ja tutkimukset tarjonneet ideoita:

- Marja Holmila: E2-tutkimus 2022: Ikänaisten elämisen taito ja kokemukset asemastaan yhteiskunnassa.

- Kaarina Määttä: Seniorirakkaus

- Jarmo Heinonen, toim.: Senioriteetti voimavarana.

- Merete Mazzarella: Matkalla puoleen hintaan & Ainoat todelliset asiat.

- Antti Eskola: Vanhuus. Helpottava, huolestuttava, kiinnostava & Vanhanakin voi ajatella.

- Irja Kilpeläinen: Viisaat vuodet

- Eveliina Talvitie: Vanha nainen tanssii.

- Jaana-Mirjam Mustavuori: Nainen puntarissa

- Pirkko Kasanen: Valmistaudu vapauteen. Aloittelevan eläkeläisen kirja. Otava, 2021.

- Tapio Aaltonen: Luova kutsumus – Tarkoituksen kokemisen taito

- Johda ihmistä – Teologiaa johtajille.

- Merkityksen kokemus (& Pajunen & Pitkänen)

- Blogi: Heikki Peltola: Yhtä ja kaikki. Näe ja ole maailma.

- Rohtoja raatajille.

- John O'Donohue: Anam Cara

- Frédéric Gros: Kävelyn historiaa

- Phil Cousineau: The Art of Pilgrimage

- Maria Alstedt: Elämäniloa sinulle. Runoja.

- Helena Balash: Eläkepäivät ulkomailla? Opas ulkomailla eläkepäivien viettoa suunnitteleville.

- Carol S. Pearson: What stories are you living? Discover Your Archetypes – Transform Your Life.

- Jhenah Telynoron: Avalon Within

- Jaana Utti: Tehtävänä hyvinvointiyhteiskunnan pelastaminen. Forssa-trilogia. Osa 1: Vanhukset.

Mitkä ovat oman kirjastosi viisaat, rohkaisevat ja elämänmyönteiset matkaoppaat?

Vieraskirja

Vanhenemista, sen haasteita ja mahdollisuuksia ihmetellessäni tunsin astuneeni virtuaaliseen ikäihmisten yliopistoon, jossa oli itse löydettävä inspiroivat opettajat ja toiset oppilaat. Kutsun tätä yliopistoa Mysteerikouluksi. Kiitän kaikkia teitä, jotka lupauduitte mukaan kertomaan tarinaanne, avartamaan näkökulmia ja rohkaisemaan näkemyksillänne.

Eila Järveläinen, Reino Knaapila, Liisa Halonen, Markku Vermas, Riitta Durchman, Ritva Laurila, Jorma J. Kataja, Miina, Tapio Aaltonen, Kirsti Niskala, Arja Jämsén, Esa Parikka, Seija Kurunmäki, Leena Peltosaari, Päivi Turtia, Paavo Joensalo, Yrjö, Kalle ja Anneli, Merja Svensk, Tuomo ja Kaija Holopainen, Pekka Leinonen, Liisa Halme, Hilkka Asanti-Sammallahti, Maria Lehtinen, Heikki Peltola, Raija Herttuainen, Jussi T. Ravela, Timo Karjalainen, Jaana-Mirjam Mustavuori, Eppie Eloranta, Jaakko Salonen, Ritva Vänskä.

Kirjaan pohdittavaa jakoivat myös asiantuntijat, joiden puoleen käännyin.

Professori Arto O. Salonen, kestävän hyvinvoinnin asiantuntija

Tutkija, teologian professori Jenni Spännäri, viisaus- ja myötätuntotutkija

Jaana Utti, Toimitusjohtaja Tamora Oy, hyvinvointiyhteiskuntaa pelastamassa

Vanhustyön kehittäjä, tutkija Teija Nuutinen,

Mainiokodin johtaja Outi Äijälä,

Saara Patoluoto, vapaan sivistystyön asiantuntija

Matti J. Kuronen, kuoleman kohtaamisen asiantuntija

Marjo Kalliomäki, Ranskan ja Italian seurakunnan pappi

Arja Jämsén, joensuulainen tietokirjailija, joka on tehnyt pitkän työuran sosiaalialan asiantuntijatehtävissä.

Teija Nuutinen, pitkän linjan vanhustyön kehittäjä, opettaja ja tutkija, joka valmistelee väitöskirjaa taiteilijoista iäkkäiden hoivayhteisöissä.

Linkkejä

www.mysteerikoulu.net
@mysteerikoulu

Tapio Aaltosen blogit:
https://www.eetostajapaatosta.fi/

https://www.heikkipeltola.com/blogi/

https://www.aktivistimummot.fi
@aktivistimummot

https://viiskytviis.fi

https://www.seniorivoima.com/

https://www.vihreaveraja.f

Green Care
https://www.gcfinland.fi/yhdistys/

Arja Jämsén
http://valotuksiaelamaan.blogspot.com

Facebookista löytyy ainakin tällaisia ikääntyvien ryhmiä:

- 30- ja 40-luvulla syntyneet FB-käyttäjät
- 40-luvulla syntyneet
- Siskot +/- 50
- Senioreiden ryhmä
- Me yli 65-vuotiaat
- NaistenHuone 50+

Kutsu sinulle

Haluatko mukaan yhteisille inspiraatiotulille? Ohjaan Mysteerikoulun ikääntyville Liguriassa, Italiassa toukokuussa 2023. Varaamme aikaa ihmettelylle, suurille ja pienille kysymyksille, kiitollisuuden rituaaleille, luonnossa käyskentelylle ja kohtaamisille kiireettömien aterioiden äärellä. Vien sinut Ligurian voimapaikkoihini ja jaan iltasatuni kanssasi.

Jos haluat kuulla lisää, lähetä viesti: anja@suninnovations.fi ja/ tai seuraa https://www.mysteerikoulu.net -sivuja.

Anja Kulovesi

Motto: Be inspired – to inspire.

www.mysteerikoulu.net

Elämäntaitokirjoja

Kiireenkesyttäjä. Avain hyvään elämään. 2018, readme.fi
Tuumasta toimeen. Muutospeli. 2013, Sun Innovations*
Kesytä kiire! 2007, Avain*
Kiireenkesyttäjän käsikirja. 2004, Sun Innovations*
Täyttä elämää kaaoksen reunalla. 2000, Kannustusvalmennus*
Kadonneen ilon metsästys. 1998, Sun Innovations*
Myönteisen ajattelun harjoituskirjat I ja II, 1995-1996, Sun
Innovations*

*Myös e-kirjoina. Kustantaja: SAGA.
Kiireenkesyttäjän käsikirja myös äänikirjana. Kustantaja: SAGA

Työelämään ja yrittäjille

Made with Love. Pienyrittäjän valttikortit. 2015, Sun Innovations *
Työtä rakkaudella. Ikkunoita työn tulevaisuuteen. 2012, Sun
Innovations*
Miten työskentelen fiksummin - en kovemmin. Eväitä esimiehelle.
2009, Yrityskirjat*
Markkinointia rakkaudella. 2002,Yrityskirjat*
Unelma älykkäästä työyhteisöstä. 2002, Dialogia*

*Myös e-kirjoina. Kustantaja: SAGA.

Lastenkirjoja

Susanna ja pienten tekojen kerho (lastenkirja) 2020, Tammikuu
Susannan selviytymisopas, (lastenkirja) 2018, Sun Innovations*
Susannan salainen maailma. (lastenkirja) 2017, Sun Innovations*

*Myös e-kirjoina. Kustantaja: SAGA.